C.H.BECK WISSEN

in der Beck'schen Reihe

Am Tag, an dem Augustus bestattet wurde, kamen alle öffentlichen und privaten Geschäfte zum Stillstand. Ganz Rom und Hunderttausende von Menschen aus ganz Italien beteiligten sich an den Trauerfeierlichkeiten. Die Leiche wurde auf einem Prunkbett auf den Scheiterhaufen gesetzt. Darüber ruhte, für alle sichtbar, ein aus Wachs gefertigtes Abbild des Toten. Als das Feuer aufloderte, stieg ein Adler in den Himmel – ein Zeichen dafür, daß der Verstorbene zu den Göttern erhoben worden war. Ein Senator bestätigte später unter Eid, er habe die Seele des Verstorbenen zu den Göttern auffahren sehen. Livia, Augustus' Witwe, belohnte den Zeugen mit einer Million Sesterzen.

Wer war dieser Mensch, der damals unter die Götter aufgenommen worden sein soll? Ein Willkürherrscher? Ein Friedensfürst? Ein Neugestalter von Staat, Heer, Gesellschaft und Kultus, kurzum – der Neugestalter der römischen Welt? Werner Eck bietet in seiner fesselnden Biographie Antworten auf diese und viele weitere Fragen zur Machtpolitik des Augustus.

Werner Eck lehrte von 1979 bis 2007 als ordentlicher Professor Alte Geschichte an der Universität zu Köln. Römische Geschichte, insbesondere die Geschichte der römischen Kaiserzeit, die Geschichte des frühen Christentums, Sozialgeschichte und Epigraphik bilden seine Forschungsschwerpunkte.

Im Verlag C.H.Beck sind derzeit folgende Titel desselben Autors lieferbar: Die staatliche Organisation Italiens in der hohen Kaiserzeit (1979); Das senatus consultum de Cn. Pisone patre (1996).

Werner Eck

AUGUSTUS
UND SEINE ZEIT

Verlag C.H.Beck

Mit 6 Abbildungen, einer Karte und einem Stemma
(Die Zeichnung der Karte besorgte Gertrud Seidensticker)

1. Auflage. 1998
2., durchgesehene Auflage. 2000
3., überarbeitete Auflage. 2003
4., überarbeitete Auflage. 2006

5., durchgesehene Auflage. 2009

Originalausgabe

Gesamtherstellung: Druckerei C. H. Beck, Nördlingen
Umschlagmotiv: Büste des Augustus (29.9.63 v. Chr.– 19.8.14 n. Chr.),
um 40/50 nach zeitgenössischem Bildnis, Marmor, Höhe 43 cm.
München, Staatliche Antikensammlung und Glyptothek,

Umschlagentwurf: Uwe Göbel, München
Printed in Germany
ISBN 978 3 406 41884 6

www.beck.de

Inhalt

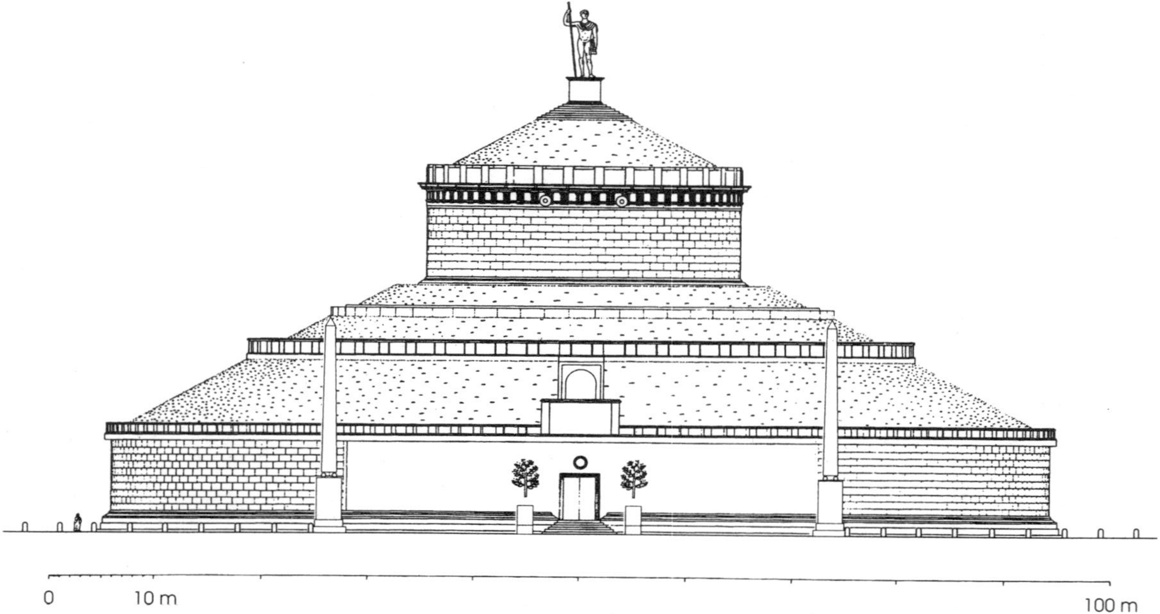

Das Mausoleum des Augustus.
Die Veröffentlichung der Zeichnung erfolgt mit freundlicher Genehmigung durch Professor Henner von Hesberg, Köln.

1. Ein Nachspiel

Spät im Jahr 14 n. Chr. traf in Ancyra, der Hauptstadt der Provinz Galatien-Pamphylien im Herzen des anatolischen Hochlandes, eine umfangreiche Sendung aus Rom ein. Sie war bestimmt für den Statthalter der Provinz; Absender waren die damals amtierenden Konsuln. Diese dem Rang nach immer noch höchsten Amtsträger Roms teilten dem Provinzgouverneur mit, nach dem Tod des jetzt vergöttlichten Augustus sei im Senat dessen schriftliches Vermächtnis verlesen worden, darunter auch ein von ihm selbst abgefaßter Bericht über seine Taten (*res gestae*) und finanziellen Aufwendungen für das römische Volk. Dieser Text sei entsprechend Augustus' testamentarischer Anordnung in Rom auf zwei Bronzepfeilern vor dessen Mausoleum eingraviert worden. Doch es genüge nicht, diesen Leistungsbericht nur in Rom zu publizieren; auch den Provinzialen müsse er nach dem Willen des Senats bekannt gemacht werden. Den Text der *res gestae* hatten die Konsuln beigelegt.

Wie der Statthalter zunächst dem Wunsch des Senats nachgekommen ist, wissen wir nicht. Möglicherweise hat er die Bürger der Stadt im Theater oder auf dem Marktplatz zusammengerufen und vor ihnen den Text in griechischer Übersetzung verlesen lassen. Doch er hat auf jeden Fall mehr getan. Denn er sorgte dafür, daß die Worte des verstorbenen Herrschers weithin in seiner Provinz verbreitet und dort schließlich auf Stein verewigt wurden: in Ancyra selbst wurden die *res gestae* auf den Wänden des Tempels für Roma und Augustus eingemeißelt, in lateinischer und griechischer Sprache, das *Monumentum Ancyranum.*

Diese „Königin der Inschriften", wie Theodor Mommsen die *res gestae* genannt hat, ist eine Selbstdarstellung des Augustus, das Bild seiner Person und seiner Leistungen, wie sie nach dem Willen des ersten römischen Princeps den Menschen in Erinnerung bleiben sollten. Im 19. Lebensjahr war er ganz plötzlich „aus eigenem Entschluß" und „mit seinen eigenen finanziellen Mitteln“ auf der politischen Bühne Roms erschienen und die beherrschende Gestalt bis zu dem Zeitpunkt geblieben, als er den *res gestae* die letzte sprachliche Fassung gegeben hatte, in seinem 76. Lebensjahr (14 n. Chr.). Was aus eigenem Entschluß 44 v. Chr. begann, erhielt bald den – zunächst erzwungenen – Segen des Senats. Noch der alte Augustus zählt seine zahllosen Ämter und Aufgaben, die ihm von Senat und Volk übertragen worden waren, im Detail auf. Niemand vor ihm hatte jemals eine vergleichbare Stellung im römischen Gemeinwesen eingenommen, solche Erfolge erzielt und war dafür in ähnlicher Weise ausgezeichnet worden wie er selbst. Er hatte das Herrschaftsgebiet des römischen Volkes überallhin ausgedehnt und seine Dominanz auch gegenüber Völkern, die er aus kluger Überlegung heraus nicht unterwerfen wollte, deutlich gemacht. Nach Innen und nach Außen hatte das Imperium unter seiner Führung nie zuvor gekannte Stärke, Stabilität und Prestige erreicht, so daß selbst von weit entfernten Völkern wie Albanern und Iberern im Kaukasus oder von Königen aus Indien Gesandtschaften zu ihm kamen. Senat und Volk hatten seine unübertroffenen Leistungen anerkannt, indem sie ihn auf völlig neue Weise ehrten. Der Senat übertrug ihm den Namen Augustus und schmückte den Eingang seines Hauses mit Lorbeerbäumen und der Bürgerkrone. Er ließ in seinem Sitzungssaal, in der Curia Iulia, einen goldenen Ehrenschild aufhängen, auf dem Augustus' Tugenden: Tapferkeit (*virtus*), Milde (*clementia*), Gerechtigkeit (*iustitia*) und Pflichterfüllung gegenüber Menschen und Göttern (*pietas*) anerkannt und als Grundlage seiner herausragenden Stellung bezeichnet wurden. Die Auszeichnung mit dem Ehrentitel Vater des Vaterlandes (*pater patriae*) war logische Konsequenz und letzter Beweis für die durch eigene Leistung erreichte Stellung des Ersten, des *Princeps*.

Wie die Bevölkerung der Provinz auf diese Selbstaussagen des verstorbenen Herrschers reagierte, wissen wir nicht. Vieles davon war bekannt; man hatte immer wieder gehört, welch übermenschliche Taten Augustus vollbracht hatte. Ehrende Beschlüsse waren von den Städten für den fernen ‚Herrn‘ gefaßt und seine Statuen überall errichtet worden. Man hatte Altäre aufgestellt, an denen jährlich die Provinzbewohner auf ihn und seine Kinder einen Eid abgelegt und versichert hatten, ihn selbst unter Einsatz des eigenen Lebens zu schützen. Seit fast 40 Jahren war Augustus für die Bewohner von Galatien der zwar ferne, aber doch machtvolle Herrscher, eine übermenschliche Erscheinung, der Steuern forderte, aber auch den Frieden gewährleistete.

Auch in Rom hatte man nach Augustus' Tod über seine außerordentliche Stellung im Staat gesprochen, über seine dreizehn Konsulate – was vorher kein Römer erreicht hatte –, seine 21 Imperatorenakklamationen, über die vielen, auch neuartigen Ehrungen, die für ihn beschlossen worden waren. Der Historiker Tacitus nannte das rund hundert Jahre später ein oberflächliches Gerede, weil es nur auf Äußerlichkeiten achtete, auf Titel, Ehrungen, die hohe Zahl der Auszeichnungen. Diejenigen aber, die mit wachem Blick Augustus' Leben und Herrschaftszeit beobachtet hätten, seien zu wesentlich anderen Urteilen gekommen. Sie hätten nicht vergessen, wie der spätere Augustus in seinen jungen Jahren skrupellos im politischen Kampf die Seiten gewechselt, wie er durch Bestechungen, ohne irgendeinen offiziellen Auftrag Soldaten angeworben und sich durch sein angebliches Hinneigen zur republikanischen Sache eine offizielle Stellung erschlichen hatte. Verrat, Täuschung der politischen Gegner, Brutalität gegenüber Bürgern seien seine ‚Tugenden' gewesen, wenn es nur seiner Sache, seinem kompromißlosen Streben nach Herrschaft gedient habe. Seine Verbündeten im Kampf gegen die Republik, Antonius und Lepidus, habe er schließlich beide durch politischen Betrug überwunden. Zwar habe danach Friede geherrscht, aber ein blutiger Friede, nach Innen und nach Außen – denn politische Gegner seien beseitigt, römische Truppen vernichtet worden. Es genügte, auf die spektakulären Verluste gegen die Germanen zu verweisen; die Niederlage des Varus im ‚Teutoburger Wald' lag bei Augustus' Tod erst fünf Jahre zurück.

Eine machtvolle und machtbewußte Persönlichkeit tritt aus diesen Worten des Tacitus entgegen, nicht die Idealgestalt, deren politisches Streben wesentlich von der Sorge um das römische Volk geprägt gewesen wäre. Eine Gestalt, die nach moralischen Kategorien in vielfacher Hinsicht sogar abstoßend wirkte, wenn man nur hinter die kaschierenden Worte offizieller Verlautbarungen sehen konnte und wollte.

Für Kritiker wie für vorbehaltlose Parteigänger war jedoch unbestritten, daß Augustus während der vergangenen 58 Jahre in Rom die gestaltende und bewegende Kraft gewesen war. 44 v. Chr. war er nach dem Tod Caesars unvermittelt auf der politischen Bühne erschienen und hatte sie seitdem nicht mehr verlassen. Seit 30 v. Chr. trat kein Gegner mehr auf, der ihm mit Aussicht auf Erfolg die Macht streitig gemacht hätte. Seitdem prägte er Rom und das Reich in entscheidender Weise, politisch und kulturell. Als er starb, war für die einen wie für die anderen klar, daß Roms staatliche Struktur ohne die durch Augustus geschaffene Form der monarchischen Herrschaft nicht mehr existieren konnte. Denn die Folge wäre erneut Bürgerkrieg gewesen, der entweder Rom als dominierende Macht im Mittelmeerraum vernichtet oder am Ende doch wieder zu einem monarchischen Regime geführt hätte. So akzeptierten (fast) alle das Ergebnis. Der Weg dorthin war lang und blutig gewesen, voller Experimente und Kompromisse. Doch darauf beruhte schließlich auch die Dauerhaftigkeit der neuen politischen Herrschaftsform.

2. Einfache Herkunft – zukunftsträchtige Verwandtschaft

Die Familie kam aus Velitrae, einer Stadt rund 30 km südöstlich von Rom am Fuß der Albanerberge. Sein Vater Gaius Octavius war dort geboren und gehörte zunächst dem Ritterstand an. Doch er schaffte wie viele andere führende Mitglieder der Munizipalaristokratie in dieser Zeit den Übergang in den Senat Roms und damit in die Führungsschicht des Reiches. Nach seiner Prätur im Jahre 61 ging er als Statthalter in die Provinz Macedonia, wo er wegen seines Sieges über den thrakischen Stamm der Besser als Imperator akklamiert wurde. Das hätte es ihm ermöglicht, im Triumphzug in Rom einzuziehen und bald den Konsulat zu erhalten. Doch er starb während der Rückkehr im campanischen Nola. Damit war er nicht mehr in den engeren Führungskreis der stadtrömischen Nobilität gelangt, der Gruppe von senatorischen Familien, die konsularen Rang erreicht hatten. Für die Stellung seiner Kinder war dies weniger von Belang, weil der Vater kurz vor 70 eine, wie sich später herausstellte, höchst folgenreiche Ehe mit einer Atia geschlossen hatte. Sie war über ihre Mutter Iulia die Nichte von C. Iulius Caesar. Damit hatte Gaius Octavius Anschluß an eine alte stadtrömische Familie patrizischen Ranges gefunden. Diese hatte zwar seit längerem keine herausragende Rolle mehr in der römischen Politik gespielt. Aber in den traditionsbewußten senatorischen Kreisen der Hauptstadt konnte solch familiäres Kapital leicht wieder aktiviert werden. Für ihren Sohn bestimmte diese Verbindung das gesamte weitere Leben; ohne sie wäre die Geschichte Roms anders verlaufen, zumindest hätte nicht Augustus Roms Schicksal bestimmt.

Am 23. September 63 gebar Atia in Rom ihr letztes Kind von C. Octavius, den einzigen Sohn. Er erhielt denselben Namen wie sein Vater. Als dieser vier Jahre später starb, heiratete die Mutter kurz danach L. Marcius Philippus, der im Jahre 56 zum Konsulat gelangte. Auch diese Verbindung nutzte dem Stiefsohn. Doch bestimmend wurde der Großonkel Caesar. Er hatte keinen Sohn, der junge C. Octavius war, zusammen mit einem L. Pinarius und einem Q. Pedius, sein nächster männlicher Verwandter. Wie alle Römer dachte auch Caesar in ‚dynastischen' Kategorien. Seine von ihm erreichte Stellung sollte möglichst innerhalb der eigenen Familie, innerhalb des eigenen Blutes weitergegeben werden. Später handelte Augustus genau nach diesen Kategorien.

Welche konkreten Pläne der Dictator Caesar freilich mit seinem Großneffen hatte, ist nicht zuverlässig überliefert; vermutlich waren sie auch noch nicht völlig klar formuliert.

Bekannt ist nur, daß er ihn in seinem Testament zum Erben von drei Vierteln seines Vermögens und damit zum Haupterben eingesetzt und ihn adoptiert hatte; die beiden anderen Verwandten sollten zusammen nur ein Viertel erhalten. Mit der Annahme der Erbschaft war auch die Auszahlung von Geldern an alle Veteranen Caesars verbunden, den Teil der römischen Bürger, dem Caesar vornehmlich seine politische Führungsstellung verdankte. Daß Caesar diese Verfügung in seinem Testament ohne weiterführende Absichten getroffen hat, ist kaum denkbar. Das Testament war am 13. September 45 abgefaßt worden, als es bereits keinen Zweifel mehr daran geben konnte, daß Caesar die in den Bürgerkriegen errungene Macht nicht mehr abgeben würde. Doch solange er wenigstens formal noch bestimmte Regeln der Republik einhielt, konnte er einen Nachfolger nicht unmittelbar bestellen; zudem nahm er auch nicht an, daß es im Augenblick schon notwendig wäre, für die Zeit nach seinem Tod konkret Vorsorge zu treffen. Doch an wen er grundsätzlich für die Weitergabe seiner politischen Stellung dachte, das zeigen die Bestimmungen seines Testaments; ebenso weisen öffentliche Ehrungen für den jungen Verwandten sowie die Aufnahme in den Patriziat darauf hin. Daß sich freilich so schnell Konsequenzen daraus ergeben würden, vermuteten weder Caesar noch der junge Octavius.

3. Usurpatorische Anfänge und Legalisierung

Als Caesar am 15. März 44 von seinen republikanischen Gegnern ermordet wurde, befand sich der junge Octavius in Apollonia in Makedonien. Er sollte dort seine intellektuelle Bildung erweitern und auf seinen Großonkel warten, der zum Krieg gegen die Parther aufbrechen wollte. Zahlreiche Legionen standen in der Provinz Macedonia bereit. Als die Nachricht vom Tod Caesars eintraf, sollen ihm seine Begleiter angeblich geraten haben, sofort diese Armee für sich zu gewinnen.

Wenn das wirklich so gewesen sein sollte, dann erschien dem jungen Mann zumindest in dieser Situation eine solche Entscheidung verfrüht. Wußte er doch noch nicht einmal von den Bestimmungen des Testaments. Sie wurden ihm erst bekannt, als er in Eile nach Italien zurückgekehrt war. Dort hat er dann die Entscheidung getroffen, auch politisch Erbe seines Großonkels zu werden. Er hatte dessen Botschaft verstanden.

Engste Berater Caesars kamen zu ihm. Truppen Caesars, die sich in Brundisium für den Partherfeldzug gesammelt hatten, sollen ihn begeistert begrüßt haben. Auf diese Weise gestärkt, tat er den ersten selbständigen Schritt in die Politik. Er forderte einen Teil der Gelder, die für den Partherkrieg bereitgestellt waren, und kassierte gleichzeitig den Jahrestribut der Provinz Asia – ohne jegliche Berechtigung, ohne Auftrag. Wenn Augustus in seinem Tatenbericht schreibt, er habe aus eigenem Entschluß und mit privaten Mitteln ein Heer aufgestellt, um den Staat, der der Herrschaft einer Clique ausgeliefert war, zu befreien, dann berichtet er zutreffend und falsch zugleich. Sein Entschluß, das politische Erbe des Verstorbenen mit militärischer Macht zu übernehmen, war sein eigener. Hätten ihm aber nur seine eigenen Finanzmittel zur Verfügung gestanden, wäre er schnell gescheitert.

So ausgerüstet konnte er auf seinem Zug nach Rom bereits Teile der in Campanien angesiedelten Veteranen Caesars für sich gewinnen. Am 6. Mai erreichte er Rom und übernahm unmittelbar das Erbe Caesars, auch seinen Namen. Er nannte sich C. Iulius Caesar. Den Beinamen Octavianus, wie er als Zeichen der Adoption üblich gewesen wäre, verwendete er selbst nie; zu sehr hätte er an seine bescheidene Herkunft erinnert.

Die politische Konstellation war nach dem Mord an Caesar noch nicht geklärt. Am 17. März war es zwar zu einer allgemeinen Amnestie für die Caesarmörder und gleichzeitig zu einer Anerkennung aller Bestimmungen, die Caesar getroffen hatte, gekommen. Marcus Antonius, fast zwanzig Jahre älter als Octavian, einer der engsten Vertrauten Caesars, amtierte zusammen mit Gnaeus Dolabella als Konsul. Es gelang ihm schnell, durch eine aufpeitschende Rede bei der Leichenfeier für Caesar und durch öffentliche Agitation die Caesarmörder aus der Stadt zu vertreiben. Dennoch wurde er keineswegs von allen als der natürliche Führer der Caesarianer akzeptiert. Gerade daraus dürfte sein über längere Zeit undurchsichtiges Lavieren zwischen den verschiedenen politischen Gruppen resultieren. Er verlor Sympathien bei der Plebs und bei den Veteranen, ebenso bei einem Teil der Caesarianer. Denn er verhinderte es zunächst, daß Caesar entsprechend dem deutlich gezeigten Wunsch großer Teile des stadtrömischen Volkes unter die Götter aufgenommen wurde. Indem er durch ein Gesetz die Provinzen Gallia Cisalpina in Norditalien sowie Gallia Comata, das von Caesar eroberte Gallien, auf sich übertragen ließ, zeigte er zudem deutlich, daß er seine eigene Machtposition übermäßig stärken wollte, womit er in Konflikt mit anderen führenden Caesarianern geriet. Er vermutete nicht, damit seinem auf lange Sicht entscheidenden Gegner Octavian den Einstieg in die Politik zu erleichtern.

In Rom gewann der junge Caesar schnell Rückhalt. Er verkündete einerseits ganz offen, Rache an den Mördern seines (Adoptiv)vaters üben zu wollen. Das verlangte die in allen gesellschaftlichen Gruppen Roms als verpflichtend angesehene ‚Sohnesliebe' (*pietas*). Diese zeigte sich auch in der Auszahlung von je 300 Sesterzen an die Mitglieder der stadtrömischen Plebs, die in Caesars Testament versprochen waren; Antonius hatte es zu seinem Nachteil versäumt, diese Verpflichtung zu erfüllen. Auch die Spiele zu Ehren des Sieges Caesars, die Ende Juli gefeiert werden mußten, richtete Octavian aus, weil sich die dazu bestimmten Priester passiv verhielten. Als während der Spiele ein Komet erschien (*sidus Iulium*), wurde dies als Zeichen für die Divinisierung des Ermordeten propagiert. Er ließ diesen Stern demonstrativ den Statuen Caesars hinzufügen. Seine Popularität wurde auf diese Weise zu einem politischen Faktor. Doch er verstand es auch, sich mit den gemäßigten Caesarianern zu verständigen, und selbst zu manchen der Republikaner entstanden Verbindungen. Antonius versuchte zwar, den politischen Weg des ‚Jünglings', wie er ihn abwertend titulierte, zu blockieren; doch das gelang nur unvollständig. Immerhin schlug der erste Marsch auf Rom, den Octavian im Spätherbst 44 mit Veteranen aus Campanien unternahm, noch fehl. Diese caesarianisch fühlenden Kämpfer wollten – noch – nicht gegen andere Caesarianer antreten. Antonius war jedoch so verunsichert, daß er beschloß, Rom zu verlassen. Die bei Brundisium lagernden vier Legionen rief er zu sich, um mit ihnen die beiden gallischen Provinzen vorzeitig zu übernehmen, bevor noch das Mandat des jetzigen Amtsinhabers Decimus Brutus ausgelaufen war. Doch zwei der ihm rechtlich zustehenden Legionen fielen ab und gingen zu Octavian über; dessen Geldgeschenke waren attraktiver als die legalen Befehle des amtierenden Konsuls. Antonius' Abzug aus Rom glich mehr einer Flucht.

Octavian mußte sich freilich immer noch auf seine legitimen Verpflichtungen als Sohn Caesars berufen; eine offizielle Stellung, von der aus er auch legal handeln konnte, fehlte ihm. Doch die neue politische Konstellation verschaffte ihm – noch nicht zwanzig Jahre alt – die gewünschten Handlungsspielräume. Im Senat konnte sich, trotz der Mehrheit der ‚caesarisch' eingestellten Mitglieder, eine republikanisch gesinnte Richtung durchsetzen, angeführt von dem jetzt 62jährigen Konsular Cicero. Dies wurde auch deswegen möglich, weil vielen der Caesarianer die Machtpolitik des Antonius Angst einflößte. Die Senatsmehrheit konnte Beschlüsse fassen, ein Heer aber hatte sie nicht, um sie gegen Antonius durchzusetzen. Das war Octavians Chance, die er ergriff. Daß er dabei scheinbar seine eigene Sache, die Rache für Caesar, zu vergessen schien, hinderte ihn daran nicht; sogar mit Caesarmördern kollaborierte er für kurze Zeit. Cicero gelang es, dieses Bündnis zu schließen. Octavian stellte seine Truppen der Senatsmehrheit zur Verfügung, die ihm im Gegenzug eine offizielle Position zuerkannte. Er wurde, ohne vorher ein Amt bekleidet zu haben, in den Senat aufgenommen und durfte dort in der höchsten Rangklasse, unter den ehemaligen Konsuln, seine Stimme abgeben. Außerdem erhielt er ein Kommando, ein *imperium*, mit dem Auftrag, gegen Antonius vorzugehen. Der 7. Januar 43, an dem er zum ersten Mal die Zeichen hoheitlicher, auch feldherrlicher Gewalt, die *fasces*, übernahm, wurde auch später noch durch ein Opfer als bedeutsamer Anfang herausgestellt. Darüber hinaus genehmigte der Senat die Erfüllung der finanziellen Versprechungen Octavians gegenüber seinen Soldaten. Wie der Caesarsohn freilich seinem Heer die scheinbare politische Kehrtwendung begreiflich machte, ist nicht klar; es muß ihm aber gelungen sein, da die Truppen ihm weiterhin folgten.

Octavian zog mit dem Heer nach Norditalien, wo Antonius Decimus Brutus in Mutina belagerte. Auch die Konsuln des Jahres 43, Hirtius und Pansa, zwei Caesarianer, fanden sich dort ein. In der entscheidenden Schlacht vor Mutina am 21. April wurde Antonius geschlagen, aber auch die beiden Konsuln waren am Ende tot. Octavian übernahm ganz selbstverständlich ihre Heere, womit er militärisch außerordentlich gestärkt war. Das brachte noch keine Entscheidung, denn das politische Machtgefüge veränderte sich schnell.

Zum einen hatte die Mehrheit des Senats inzwischen die Machtpositionen legalisiert, die Brutus und Cassius, die beiden Anführer der Verschwörung gegen Caesar, in Syrien und in Makedonien „aus eigenem Entschluß", wie Augustus es später für sich formulierte, aufgebaut hatten. Damit hatte Octavian als militärischer Arm des Senats an Wert verloren. Manche formulierten das auch sehr drastisch, man könne ihn „aus dem Verkehr ziehen". Zum anderen konnte Antonius nach seiner Flucht aus Oberitalien nach Gallien im Verlauf des Sommers mehrere Statthalter im Westen für sich gewinnen: Asinius Pollio, Munatius Plancus und Aemilius Lepidus. Diese propagierten nun ihrerseits die Rache für Caesar als ihr gemeinsames politisches Ziel, wozu die Einheit der Caesarianer die Voraussetzung bildete. Für Octavian war klar, auf welcher Seite er ideologisch und machtpolitisch stehen mußte, wenn er weiterhin eine Rolle spielen wollte. Dennoch versuchte er zunächst noch seine eigene Position zu verbessern. Da beide Konsuln tot waren, forderte eine Abordnung von Centurionen seines Heeres, die nach Rom gezogen waren,

Das Monumentum Ancyranum –
der Tatenbericht des Augustus; Beginn der lateinischen Fassung.
Die Wiedergabe der Abbildung erfolgt mit freundlicher Genehmigung
von Professor Edmund Buchner, München (Photo: F. Funk).

vom Senat den Konsulat für ihren Befehlshaber und für die Soldaten die lange vorher versprochenen Belohnungen. Als der Senat dies, in Verkennung der tatsächlichen Machtsituation, verweigerte, marschierte Octavian wiederum nach Rom. Diesmal war er erfolgreich. Zusammen mit seinem Onkel Quintus Pedius wurde er am 19. August 43 vom Volk, wie er auch in den *res gestae* betonte, zum Konsul gewählt. Das Volk allerdings hatte keine Wahl; denn diesmal waren die Centurionen nicht allein, sondern mit den Legionen erschienen. Durch ein Gesetz wurde sodann ein Sondertribunal gegen die Caesarmörder eingesetzt, womit Octavian seine laut propagierte Verpflichtung, Caesar zu rächen, in eine konkrete rechtliche Form brachte. Ferner wurden die restlichen Versprechungen aus Caesars Testament an die Veteranen nunmehr mit Geldern aus der Staatskasse eingelöst. Für Octavian aber drohte jetzt vom Norden durch die Koalition der Caesarianer um Antonius Gefahr. In kluger Voraussicht ließ Octavian den

Senatsbeschluß wieder aufheben, durch den Antonius und seine Anhänger zu Staatsfeinden erklärt worden waren. Dieser Schachzug erleichterte die kommenden Verhandlungen.

4. Der Triumvirat: Die gesetzlich sanktionierte Willkür

Im Oktober trafen sich in der Nähe von Bologna Antonius, Octavian und Lepidus, um die gemeinsame politische Zukunft zu besprechen. Rache an den Caesarmördern und Sicherung der eigenen Machtposition waren die wesentlichen Ziele. Eine Neugestaltung des Gemeinwesens wurde nicht vereinbart, obwohl das die Amtsbezeichnung, die sie für sich wählten, vermuten lassen könnte: *tresviri rei publicae constituendae*, Dreimännerkollegium zur Gestaltung des Staates. Im Gegensatz aber zu der rein privaten Verabredung, die einst zwischen Pompeius, Caesar und Crassus getroffen worden war, ließ man sich diesmal einen offiziellen Auftrag durch die Volksversammlung geben. Im Bemühen um formale Legalität ließen sich die Gewalthaber von den Republikanern nicht übertreffen, soweit dies ohne Nachteil für ihre Interessen möglich war. Ein Volksbeschluß vom 27. November 43 verschaffte ihnen Amt und Titel. Der Auftrag war zwar auf fünf Jahre befristet, aber inhaltlich fast unbegrenzt. Was immer sie persönlich entscheiden würden, sollte Rechtskraft haben, ohne daß jemand sie daran rechtlich hindern könne. Nur gewaltsamer Widerstand war damit gegen sie möglich. Das ließ nichts Gutes erwarten.

Das lag auch nicht in der Absicht der Triumvirn. Man teilte den Westen des Reiches unter sich auf: Lepidus erhielt die Provinz Narbonensis sowie Spanien, Octavian Sizilien, Sardinien und Africa, Antonius aber behielt, wie es schon früher durch Volksgesetz bestimmt gewesen war, die Gallia Cisalpina und die Gallia Comata. Er war dadurch militärisch in der stärksten Position, Octavian hingegen sehr geschwächt, denn die beiden Inseln nützten ihm wenig, solange Sex. Pompeius, der überlebende Sohn des Pompeius Magnus, mit seiner Flotte das Meer beherrschte; auch Africa hätte der Caesarsohn erst erobern müssen.

Antonius und Octavian sollten gemeinsam den Kampf gegen die Caesarmörder führen. Dazu brauchten sie vor allem Geld, um ihre Truppen zu motivieren. Und sie mußten sicher sein, daß nicht in ihrem Rücken die Gegner die Macht übernehmen konnten. Sulla, der 88 v. Chr. das Mittel des Bürgerkrieges in die römische Politik eingeführt hatte, war auch der Urheber der ersten Proskriptionen. Die Triumvirn folgten Sullas brutalem Vorbild. Sie erklärten ihre politischen Gegner für vogelfrei; jeder durfte sie töten; und um möglichst viele an der ‚Jagd auf die politischen Gegner' zu interessieren, wurden Belohnungen ausgesetzt. Das Vermögen der Ermordeten aber wurde eingezogen und verkauft, der Erlös stand den Triumvirn zur Verfügung. Rund 300 Senatoren und 2000 Ritter wurden auf die Proskriptionsliste gesetzt. Angeblich soll Octavian mehrere Tage Widerstand gegen das Verfahren geleistet haben; vor allem habe er Cicero, den Antonius mit abgrundtiefem Haß verfolgte, retten wollen – vergebens. Auch wenn im Fall Ciceros Octavians Widerstreben glaubhaft sein mag, so hat er grundsätzlich kaum zu dieser brutalen Politik gezwungen werden müssen. Er hat in den nächsten Jahren genügend Beispiele seiner kalten Grausamkeit geliefert. Die Milde seines Adoptivvaters Caesar, die *clementia Caesaris*, hat er erst später als eine politische Tugend erkannt.

Die Proskriptionen dezimierten die senatorische Führungsschicht in erschreckender Weise; viele Familien, die zum republikanischen Kern des Senats gehört hatten, wurden völlig ausgelöscht. Die Lücken, die auf diese Weise in der Führungsschicht entstanden, konnten von den Triumvirn mit eigenen Leuten gefüllt werden. Einen ähnlichen Effekt hatten die Morde an reichen Mitgliedern der lokalen Dekurionenräte (Stadträte). Treue Anhänger aus dem Heer übernahmen in großer Zahl deren Plätze und gleichzeitig oft auch das Vermögen. Dies führte im Verbund mit weiteren Maßnahmen zu einem tiefgehenden personellen Umbruch, einer römischen

Revolution, wie es Ronald Syme genannt hat, ohne daß freilich auch die Struktur der Gesellschaft wesentlich verändert wurde. Die Folge war jedoch eine radikale Umorientierung der politischen Loyalitäten; es bedeutete vor allem einen Verlust an republikanischen Traditionen. Die bisherigen politischen Formen verloren so ihre selbstverständliche Gültigkeit. Neues konnte an ihre Stelle treten. Für die kommende augusteische Herrschaftsform wurde dadurch eine existentielle Voraussetzung geschaffen.

Der finanzielle Gewinn der Proskriptionen erfüllte freilich nicht die Erwartungen. So war man gezwungen, Sondersteuern selbst in Italien zu erheben, um den Bürgerkrieg finanzieren zu können. Im Osten haben Brutus und Cassius die entsprechenden Mittel aus den Untertanen herausgepreßt und neunzehn Legionen aufgestellt; Hilfskontingente der örtlichen Dynasten kamen hinzu. Sie sammelten ihre Streitmacht in Makedonien, wohin Antonius und Octavian ihrerseits 28 Legionen einschifften. Da die Flotte der Republikaner die Adria beherrschte und die Verbindung zu Italien unterbrach, mußte eine schnelle Entscheidung zu Land erreicht werden.

Im Oktober 42 kam es zum „Wiedersehen bei Philippi". Die Heere der Caesarmörder und der Triumvirn trafen zweimal aufeinander; beide Male war Antonius der eigentliche Sieger. Seine spätere Polemik stellte Octavian als mutlosen Feigling dar, der sich vor dem Feind versteckt hatte. Tatsächlich scheinen ihn solche militärischen Entscheidungen stark belastet zu haben. Auch später hat Octavian die konkrete Leitung einer Armee anderen, erfahreneren und härteren Naturen wie Marcus Agrippa überlassen. Politisch war entscheidend, daß die republikanische Partei seit dem 23. Oktober kein Heer und keine Anführer mehr hatte; Brutus und Cassius waren tot, Brutus' Kopf wurde nach Sueton 13,1 in Rom zur Schau gestellt. Die römische Welt konnte neu aufgeteilt werden.

Antonius behielt seine starke Position durch das Kommando über Gallien, vor allem aber sollte er den gesamten Osten befrieden und dort Gelder für die Versorgung der Veteranen beschaffen. Das war eine Aufgabe, die anscheinend ohne zu große Probleme zu bewältigen war. Octavian mußte eine zunächst weit undankbarere Arbeit übernehmen. Zwar wurden ihm von Antonius zu Lasten des Lepidus die spanischen Provinzen als Machtbasis zugestanden. Doch der junge Caesar sollte vor allem die vielen Zehntausende von Veteranen ansiedeln, denen schon vor Philippi die Entlassung zugesichert worden war; auch die Soldaten der Republikaner durften nicht als vagabundierendes militärisches Potential weiterhin zur Verfügung stehen. Eine Ansiedlung schien auch noch in dieser Zeit fast ausschließlich in Italien, dem römischen Bürgerland, möglich, nicht aber bereits in den Provinzen, wo mehr Land zur Verfügung gestanden hätte. In Italien gab es kein Staatsland mehr; nur Enteignungen konnten dort Raum schaffen. Das aber kostete einen hohen politischen Preis, da die aus ihrem Besitz vertriebenen Bürger sich jedem anschließen würden, der gegen ihren Vergewaltiger auftrat. Auch Octavian mußte das sehen. Dennoch übernahm er die Aufgabe, die ihm, zumindest aus der historischen Rückschau, eine wichtige Basis für seinen endgültigen Sieg sicherte. Denn auf diese Weise schuf er sich eine sehr breite, auch militärisch denkende Klientel und er war dadurch im Kernland der römischen Macht, in Italien, weit stärker präsent.

Mindestens 18 italische Städte waren von den Ansiedlungen betroffen; aus manchen wurde die gesamte Bevölkerung vertrieben, andere mußten Teile ihres Territoriums abtreten. Ein Aufschrei der Wut ging durch Italien. Nur selten wurden Ausnahmen gemacht, wie bei Vergil, der seine väterlichen Güter bei Mantua zurückerhielt. In einer seiner Eklogen drückte er seinen Dank aus für die Rettung und pries Octavian als göttergleiche Erscheinung; die Masse der Bewohner dieser Städte aber verfluchte ihn. Verhindern konnten sie die Ansiedlungen gleichwohl nicht.

Die unmittelbaren Folgen waren für Octavian nachgerade lebensbedrohend. Denn die Enteigneten fanden in Lucius Antonius, dem Bruder des Triumvirn, einen Fürsprecher. Wie weit dieser auch im Einverständnis mit seinem Bruder handelte, ist nicht mehr klar zu erkennen. Auf jeden Fall gelang es ihm, eine Koalition in Italien gegen Octavian zu schaffen, wobei ihn die Mehrheit im Senat unterstützte. Nicht mehr der weit im Osten agierende M. Antonius erschien ihr gefährlich, sondern Octavian, dessen Skrupellosigkeit selbst Caesarianer erkannt hatten. Man versuchte sogar, den Triumvirat als ungesetzlich aufzulösen und Octavian zum Staatsfeind zu erklären. Das aber hätte auch die wirtschaftliche Sicherheit der Veteranen und die Aussichten der aktiven Soldaten bedroht, da ihre Rechte vom politischen Erfolg der Triumvirn abhingen. So setzte sich schließlich die überlegene militärische Macht Octavians gegen den politischen Hasardeur L. Antonius durch. Er hatte sich mit seinen Anhängern, darunter auch vielen Senatoren, in dem stark befestigten Perusia (Perugia) an der Grenze zwischen Etrurien und Umbrien verschanzt, mußte sich aber schließlich Anfang 40 ergeben. Während Octavian ihn aus Rücksicht gegenüber dem mächtigen Bruder im Osten verschonte, ließ er zahllose Bürger von Perusia, vor allem aber auch römische Senatoren und Ritter hinrichten. Angeblich sollen 300 von ihnen am 15. März, dem Tag der Ermordung Caesars, an einem Altar für den vergöttlichten Iulius vor den Mauern Perusias hingeschlachtet worden sein. Der Fluch dieser Tat verfolgte Octavian lange; nicht nur bei dem augusteischen Dichter Properz ist die Klage über die Opfer und die Anklage gegen den Triumvirn zu finden.

Auch kurzfristig schuf der Sieg kaum Erleichterung. Denn viele der Anhänger des M. Antonius, die Octavian vor Perusia geschont hatte, eilten nach Osten, um den Triumvirn zum Eingreifen in Italien zu bewegen. Obwohl die Parther in Syrien und Kleinasien bedrohliche Erfolge erreicht hatten, wandte sich Antonius nach Westen; dort schien seine politische Stellung weit stärker bedroht. Denn Octavian agierte in Italien, als ob es sein alleiniger Machtbereich wäre. Es bot sich für Antonius die Chance, im Zusammenwirken mit Sex. Pompeius, der das westliche Mittelmeer beherrschte, Octavian auszuschalten. Ein ‚Caesarianer' ging mit einem angeblichen ‚Republikaner' fast ein Bündnis ein – der politische Erfolg rechtfertigte fast alles. Octavian stand ihm in seiner Skrupellosigkeit allerdings nicht allzuviel nach. Auch er versuchte, sich nach der anderen Seite abzusichern und heiratete deshalb im Jahre 40 Scribonia, die Tochter des Scribonius Libo, der seinerseits Anhänger und Schwiegervater des Sex. Pompeius war. Aus dieser nur etwas mehr als ein Jahr dauernden Ehe stammte Octavians einziges Kind, seine Tochter Iulia. Sie sollte in der Zukunft eine wichtige, für sie am Ende sehr traurige Rolle spielen.

Obwohl Antonius mit einem mächtigen Heer in Italien gelandet war, kam es nicht zu einer militärischen Lösung zwischen ihm und Octavian. Zwar belagerte Antonius Brundisium, das von den Truppen seines Gegners besetzt war. Doch erneut verweigerten sich die überwiegend der caesarischen Sache verpflichteten Legionen, vor allem die Mehrheit der Centurionen, einer militärischen Auseinandersetzung. Sie hatten politisches Gewicht gewonnen, nicht zuletzt wegen ihrer engen Verbindung zu den einfachen Soldaten. So wurden die beiden Machthaber gezwungen, sich zu einigen. Im Herbst 40 wurde der Vertrag von Brundisium geschlossen, der für Octavian insgesamt ein großer Erfolg war. Denn ihm fielen außer Africa, das Lepidus zugestanden wurde, alle westlichen Provinzen zu, während Antonius, wie zuvor, die östlichen behielt. Italien sollte allen offenstehen, namentlich zur Rekrutierung. Diese Vereinbarung wurde eigens getroffen. Antonius scheint also erkannt zu haben, was auf dem Spiel stand. Doch nur Octavian blieb in Italien, Antonius kehrte nach dem Osten zurück; so konnte ihm dieser Teil der Abmachungen kaum nützen. In typisch dynastischer Manier untermauerte man die Vereinbarungen durch eine Hochzeit; Octavians Schwester Octavia heiratete in einer prächtigen Feier in Rom den vor kurzem erst Witwer gewordenen Antonius. Ihre Zukunft und die ihrer Kinder, aus einer früheren Ehe mit Claudius Marcellus und aus der Verbindung mit Antonius, verband sich engstens mit dem politischen Weg ihres Bruders. Ob sie in der Auseinandersetzung zwischen ihm und Antonius vor allem Opfer war oder ob sie dabei auch gestaltend mitwirkte, ist schwer zu sagen.

5. Auf dem Weg zum legitimierten Führer

Der Friede für Italien war mit dem Abkommen von Brundisium noch nicht erreicht, obwohl der Dichter Vergil in seiner 4. Ekloge den Anbruch eines goldenen Zeitalters verkündigte. Denn Sex. Pompeius, der Beherrscher des Meeres, der sich nicht umsonst Sohn Neptuns (*Neptuni filius*) nannte, bedrohte Italien und behinderte die Getreidezufuhr. Nicht nur die Bevölkerung der Großstadt Rom war davon betroffen, sondern auch viele andere Gemeinden Italiens. Der Druck auf Octavian, sich mit dem Widersacher zu arrangieren, wurde so stark, daß er sich schließlich im Jahre 39 widerstrebend zu dem Vertrag von Misenum herbeiließ. Er mußte Pompeius offiziell als Mitspieler um die Macht anerkennen; Sardinien, Corsica, Sizilien sowie die Peloponnes wurden auch vertraglich dessen Machtbasis. Für das Jahr 35 wurde ihm der Konsulat zugesichert; damit schien ein entscheidender Schritt zur inneren Aussöhnung und Befriedung getan. Als Gegenleistung wurde die Blockade Italiens aufgehoben, die Überfälle durch Flottenkommandos endeten, die Bevölkerung konnte endlich wieder ausreichend mit Getreide versorgt werden. Eingeschlossen in diesen Vertrag wurden auch Pompeius' Anhänger; manche, die den Proskriptionen entkommen oder wegen der Bürgerkriege zu Pompeius geflohen waren, konnten so in die Heimat und in das offizielle politische Leben zurückkehren. Einer von ihnen war Ti. Claudius Nero, aus alter patrizischer Familie stammend, verheiratet mit Livia Drusilla. Auch sie gehörte zu einem Familienzweig der Claudier; ihr Großvater war M. Livius Drusus, der sich im Jahr 91 um die Integration der Italiker in die politische Gemeinde Roms bemüht hatte. Auf Grund des genealogisch-dynastischen Denkens der führenden Familien in Rom konnte sie eine enorme politische Bindungswirkung ausüben. Octavian hat diese Möglichkeiten sicher nicht übersehen, als er versuchte, diese Senatorentochter und Frau des eben zurückgekehrten Claudius Nero für sich zu gewinnen. Doch politisches Kalkül allein erklärt nicht, weshalb Octavian sie in so überstürzter Weise heiraten wollte; eine leidenschaftliche Liebesbeziehung war die entscheidende Triebfeder. Sie war damals zum zweiten Mal von ihrem Mann schwanger, was eine Heirat mit einem anderen nach den normalen Regeln ausschloß. Doch Octavian setzte eine Sondererlaubnis des Priesterkollegiums der *pontifices* durch und heiratete Livia am 17. Januar 38. In Rom sprachen nicht wenige von einem Skandal. Nach drei Monaten wurde ihr Sohn Drusus geboren, ihr Erstgeborener Tiberius war damals bereits vier Jahre alt. Nach dem Tod ihres Vaters kamen sie in Octavians Haus; Nero hatte ihn testamentarisch als Vormund seiner Söhne eingesetzt. Vielleicht hat er gespürt, daß nichts deren politische Zukunft mehr fördern würde als die enge Bindung an Octavian. Daß freilich sein Ältester 52 Jahre später Herrscher des römischen Reiches sein würde, konnte er nicht ahnen. Der Weg dahin an der Seite Octavians, des späteren Augustus, war lang, ehrenreich und voller Demütigungen.

Die Heirat verstärkte Octavians Basis in der alten Aristokratie, hinderte ihn aber keineswegs, sich schnell von den Vereinbarungen von Misenum loszusagen. Pompeius' ungebrochene und jetzt sanktionierte Macht schränkte Octavian zu sehr ein. Pompeius war vor allem, anders als der im Osten engagierte Antonius, ein zu naher ‚Verbündeter'. So versuchte Octavian schon im Jahre 38, ihn zurückzudrängen; einer von dessen Flottenführern lieferte Corsica und Sardinien an Octavian aus. Für einen schnellen Erfolg aber war Pompeius zu stark, und auch Antonius wollte keineswegs dessen Vernichtung; er war ein wirksames Hindernis für den ungestümen Ehrgeiz seines Kollegen im Triumvirat. Somit mußte sich Octavian darum bemühen, einerseits seine Flotte als Kampfinstrument zu stärken, andererseits Antonius' Zustimmung und auch Hilfe zu gewinnen. Die Flotte wurde von Agrippa aufgebaut und mit neuen Methoden auf den Seekampf vorbereitet. Die Zustimmung des Antonius aber erfolgte vor dem Hintergrund einer für diesen schwierigen Situation im Osten. Denn die Parther waren zwar in ihrem Vormarsch gestoppt worden. Aber die Rache für die vernichtende römische Niederlage, die Crassus 53 v. Chr. bei Karrhae erlitten hatte, stand noch aus. Antonius durfte die Öffentlichkeit nicht zu lange auf die Einlösung seiner Zusage, Roms Ehre wiederherzustellen, warten lassen. Ferner wollte Antonius, vielleicht auch bereits durch die ägyptische Königin Cleopatra dazu bewogen, eine Ausdehnung seiner Macht über die bisherigen Ostgrenzen hinaus erreichen. Das war ja auch Caesars Ziel gewesen. Für diese Unternehmung aber brauchte Antonius erfahrene Truppen, die er nur in Italien, dem faktischen Machtbereich Octavians, gewinnen konnte. Da jeder der beiden Partner vom anderen etwas Wichtiges erreichen wollte, waren die Verhandlungen schwierig; erst dem Geschick Octavias gelang es, die Interessen auszugleichen. In der unteritalischen Seestadt Tarent trafen sich beide und regelten ihre Verhältnisse neu. Auch über die Fortführung des Triumvirats mußten sie sich verständigen; er hatte am 31. Dezember 38 geendet.

Man einigte sich im September 37 darauf, den Triumvirat um weitere fünf Jahre zu verlängern; ob dieser Zeitraum rückwirkend vom 1. Januar 37 zählte oder erst vom 1. Januar 36, ist auch heute noch unklar. Für die eigentlichen Machtverhältnisse blieb dies auch unbedeutend. Doch für das Verständnis der rechtlichen Stellung der Triumvirn und ihrer Haltung gegenüber den Institutionen des Staates wäre es wichtig, die Vereinbarungen genau zu kennen. Unsere Quellen lassen dies jedoch nicht zu, auch wenn mehr für die Zählung ab dem Beginn des Jahres 37 spricht. Bezeichnend ist freilich, daß Octavian die Erneuerung durch die Volksversammlung formell bestätigen ließ; er nannte sich deshalb auch „Triumvir zum zweiten Mal“ (*triumvir rei publicae constituendae iterum*). Damit sollte der Öffentlichkeit, speziell dem Senat, der Eindruck vermittelt werden, wie sehr er die rechtlichen Normen beachtete und damit Teil der *res publica* war, nicht aber ihr Herr. Antonius vernachlässigte solche rechtlichen Feinheiten. Lepidus, der die Verbindung überhaupt erst zum Triumvirat hatte werden lassen, spielte bei der Erneuerung offensichtlich keine Rolle mehr.

Die Einigung über die gegenseitige militärische Unterstützung sah vor, daß Antonius 120 Schiffe aus seiner Flotte Octavian zum Kampf gegen Sex. Pompeius überließ; dieser sollte seinerseits zum Kampf gegen die Parther 20000 Legionäre zu Antonius senden. Die Flottenabteilung wurde sogleich übergeben, von den Legionären gingen später nur zehn Prozent nach dem Osten – ein Akt gezielter Provokation. In Tarent trafen sich Octavian und Antonius zum letzten Mal persönlich; es war eine Zusammenkunft mit freundlichem Ausgang. Erst sechs Jahre später trafen sie erneut aufeinander, in der militärischen Entscheidung bei Actium, die für Antonius das Ende bedeutete.

Zunächst aber galt es für den jungen Caesar, Sex. Pompeius auszuschalten. Das bedeutete Fortsetzung des Bürgerkrieges; in seinen *res gestae* kaschierte Augustus dies später durch die Bezeichnung „Seeräuberkrieg“. Im Jahre 36 hat wohl niemand dies so gesehen. Octavian konzentrierte Landarmee und Flotte auf Sizilien, auch Lepidus kam mit seinen Legionen aus Africa nach Sizilien; es war sein letztes Eingreifen in den allgemeinen Kampf um die Vorherrschaft. Nach verschiedenen Rückschlägen, bei denen Octavian auch persönlich in Lebensgefahr geriet, gelang es am Ende Agrippa mit seiner Flotte in den Seeschlachten von Mylai (August 36) und Naulochos (3. September 36) nördlich von Sizilien Pompeius militärisch so zu schwächen, daß er sich nicht länger halten konnte. Mit dem Rest seiner Flotte setzte er sich nach dem Osten ab, wo er für einige Zeit Antonius Schwierigkeiten bereitete. Als er im Jahre 35 in die Hand eines der Generäle des Antonius fiel, wurde er in Milet hingerichtet. Teile des Landheeres des Pompeius ergaben sich auf Sizilien Octavian, andere aber Lepidus. Dieser fühlte sich dadurch so stark, daß er die Überlassung Siziliens verlangte. Doch er überschätzte seine eigene Macht und rechnete nicht mit dem Geschick seines Gegenspielers, die Truppen zu beeinflussen; dabei hatte Octavian seit dem Mai 44 viele Beispiele seiner Fähigkeit zur psychologischen Beeinflussung großer Menschenmassen gegeben – meist verbunden mit Geldzusagen, was den Seitenwechsel nicht schwer machte. So geschah es auch jetzt. Lepidus' Truppen gingen zu seinem Gegner über; dem schon lange fast bedeutungslos gewordenen Triumvir blieb nur noch, sich zu ergeben. Das rettete ihm immerhin sein Leben; freilich mußte er seine Stellung als Triumvir niederlegen, als ‚Gefängnisort' wurde ihm eine Villa auf Kap Circei zugewiesen, auf halbem Weg zwischen Rom und Neapel gelegen. Nur der Oberpontifikat verblieb ihm bis zu seinem Tod im Jahr 12 v. Chr. Demonstrativ wollte Octavian erneut seinen Respekt vor der traditionellen Ordnung Roms bekunden. Sie sah vor, daß Priesterämter lebenslänglich vergeben waren; das mußte dann auch für den schlimmsten Gegner gelten. Daß mit Lepidus' Abdankung der Dreibund gar nicht mehr existierte, hat vielleicht einige Spötter zu Kommentaren angeregt; ansonsten störte das niemanden.

Wichtiger war vielleicht noch, wie Octavian den Bewohnern Italiens zeigte, daß er die Besitzverhältnisse und die überkommenen sozialen Strukturen achten würde. Zahllose Sklaven waren zu Pompeius geflüchtet, der sie sogar in Heer und Flotte aufgenommen hatte. Die gefangenen Sklaven übergab der Sieger ihren Herren zur Bestrafung, insgesamt 30000; nur die Eigentümer waren dazu berechtigt, ihre Sklaven, also ihr ‚Eigentum', durch Strafe wertlos zu machen. Lediglich die 6000 Sklaven, deren Herren nicht mehr zu ermitteln waren, ließ er öffentlich bestrafen; sie wurden ohne Erbarmen gekreuzigt. Den freien Anhängern des Pompeius und insbesondere deren militärischen Führern gewährte er Pardon. Die Zeichen wurden durchaus verstanden, auch die Zeichen, die er gegenüber dem Heer gab. Als nach der Niederlage des Pompeius altgediente Soldaten die Einlösung lange zuvor gegebener Versprechen verlangten, mußte zwar den Forderungen nachgegeben werden. Jetzt aber wurden auch Ansiedlungen außerhalb Italiens durchgeführt, wie bereits unter Caesar. Die „Mutter Italien" konnte nicht mehr alle ihre entwurzelten Söhne aufnehmen, das hätte die Perpetuierung der Besitzrevolution bedeutet. Gerade das Gegenteil aber mußte deutlich werden: Der seßhafte Bürger brauchte um seinen Besitz nicht länger zu fürchten. Ein dauerhafter Friede sollte so verkündet werden. Bis er wirklich kam, verging freilich noch mehr als ein halbes Jahrzehnt.

Die Rückkehr Octavians nach Rom wurde als Triumph gestaltet; möglich war das, weil er nach der offiziellen Lesart über Seeräuber gesiegt hatte. Den Regeln zufolge überschritt er die heilige Stadtgrenze, das *pomerium*, nicht sofort, sondern versammelte den Senat außerhalb. Nachdem der Sieger auch offiziell die Bürgerkriege als abgeschlossen erklärt hatte, überschlug sich der Senat fast in Zahl und Art der Ehrungen, die er für den nunmehr einzigen Machthaber im Westen beschloß. Wichtig war dabei für die Zukunft, daß ihm die Unverletzlichkeit eines Volkstribunen, die *sacrosanctitas*, verliehen wurde, also eines der Rechte der Amtsträger, die nach politischer Theorie und Praxis in besonderer Weise für das Wohl der breiten Bevölkerung verantwortlich erschienen. Das wies bereits auf die Amtsgewalt der Volkstribunen voraus, die seit 23 v. Chr. eine entscheidende Rechtsbasis für Augustus bilden sollte. Auch Livia und Octavia wurden bald darauf in diese Unverletzlichkeit eingeschlossen. Senat und Volk verpflichteten sich damit, ihm und den Frauen einen besonderen Schutz zu gewähren. Wer sich dagegen verging, verging sich am römischen Volk selbst. Schon hier kündigte sich an, wie die herrschende Familie bald allein das gesamte Volk repräsentierte und schließlich an seine Stelle trat.

So weit war es freilich noch nicht. Der gesamte Osten des Reiches war fest in der Hand des Antonius, der auch in Italien noch über viele Anhänger verfügte, nicht zum wenigsten im Senat. Als ferner Machthaber wurde er weniger für die Härte des politischen Lebens, für die Ohnmacht, die manche verspürten, verantwortlich gemacht. Die öffentliche Szene in Rom wurde weitgehend durch den jungen Caesar bestimmt; so traf ihn auch am leichtesten die geheime Wut oder die Frustration, die man empfand – trotz aller Versuche von seiner Seite, zum regelhaften politischen Geschäft zurückzukehren. Vor allem die Angehörigen der alten Senatorenfamilien waren davon betroffen. Unter ihnen hatte Octavian immer noch viele Gegner. Er verbreiterte freilich seine Anhängerschaft im Senat, indem er in die unteren Ämter der Quästoren, Volkstribunen, Ädilen, aber auch der Prätoren zahlreiche neue Leute aus vielen Städten Italiens, die bisher noch nicht im Senat vertreten waren, wählen ließ. Sie waren seine Geschöpfe, was sich in politischer Unterstützung auswirkte. Antonius war fern und damit seine Wirksamkeit begrenzt. Nur die Verteilung der Konsulate war seit dem Vertrag von Brundisium festgelegt, für die Anhänger beider Seiten. Daran rührte auch Octavian nicht, trotz all seiner Bemühungen, den Einfluß seines Gegenspielers zurückzudrängen.

Antonius seinerseits tat freilich manches, um dessen Spiel zu erleichtern. Allerdings ist zu bedenken, daß am Ende der siegreiche Octavian die historische Überlieferung direkt und indirekt wesentlich beeinflußt hat und manche Nachricht über Antonius, seine Handlungen und seine Anhänger nur halbwahr oder überhaupt erfunden ist. Dennoch: Er hat Octavian genügend gewichtige und aggressive Argumente gegen sich selbst geliefert. Zur gleichen Zeit, als im Westen Octavian über Pompeius triumphierte, erlitt Antonius im Osten auf seinem Feldzug gegen die Parther einen schlimmen Rückschlag. Er hatte das Gegenteil dessen erreicht, was er erstrebt hatte: statt militärischem Ruhm und Rückgewinnung der verlorenen Feldzeichen eine demütigende Niederlage, statt Land- und Beutegewinn katastrophale Verluste an Soldaten und Ausrüstung. Beides zu ergänzen benötigte Zeit und beschränkte seine Reaktionsfähigkeit. Vor allem aber konnte er am Ende den Propagandaeffekt der Niederlage nicht verhindern, obwohl er zunächst Siegesmeldungen nach Rom gesandt hatte, um den unmittelbaren Schaden zu begrenzen. Man feierte den angeblichen Sieg in Rom sogar mit Dankfesten. Doch auf die Dauer ließ sich der Mißerfolg nicht verheimlichen; der Ruf des großen Feldherrn war beschädigt. Ein weiterer Prestigeverlust folgte bald darauf. Als Octavian ihm in wohlberechneter Absicht nur 2000 der vertraglich zugesicherten 20000 Legionäre in Begleitung Octavias zusandte, geriet Antonius in ein Dilemma. Die ihm übersandten Soldaten waren kein Ersatz für seine Verluste; nur die Königin von Ägypten, Cleopatra, mit der Antonius seit langem verbunden war und die ihm bereits Kinder geboren hatte, war imstande, mit den Ressourcen ihres Landes seine frühere militärische Stärke wiederherzustellen. Wenn er Octavia, seine Frau, im Osten aufnehmen würde, konnte er von der Königin keine Hilfe erwarten. Schon allein militärischer Realismus mußte ihn dazu bringen, sich für Cleopatras Geld und Wirtschaftskraft zu entscheiden; doch er war auch durch seine Liebe zutiefst an die königliche Frau gebunden. So forderte er Octavia auf, nach Rom zurückzukehren. Ein besseres Propagandageschenk hätte er deren Bruder nicht machen können: Die Römerin und legitime Gattin wurde wegen einer „orientalischen Geliebten" zurückgestoßen. Darauf konnten gerade die republikanisch gestimmten Anhänger des Antonius im Senat wenig erwidern. Noch leichter konnte die einfache Bevölkerung durch solch eingängige Geschichten gegen Antonius aufgebracht werden. Als dieser auch noch Armenien, das eben erst im Jahre 34 von römischen Truppen erobert worden war, an Alexander Helios, einen seiner Söhne von Cleopatra, vergab und Cleopatra selbst mit dem Titel Königin der Könige auszeichnete, hatte Octavian genügend Waffen gesammelt, um seinen Widersacher auch in der öffentlichen Meinung als Feind römischer Größe und Würde zu vernichten. Ob es für Antonius' Aktionen vielleicht gute Gründe gegeben hat, zählte dabei nicht. Octavian wollte im Handeln des Antonius eine Herausforderung sehen. Wenn die Berufung auf Caesar noch immer ein bindendes Element für seine ‚Partei' war, dann konnte vor allem die Anerkennung Kaisarions als natürlicher Sohn Caesars durch Antonius nur als Provokation verstanden werden. Octavian nannte sich nach dem verstorbenen Dictator und betonte seine Abstammung: *Divi filius,* Sohn des Vergöttlichten. Aber jeder wußte, daß er es nur durch Adoption war. Die Herkunft des Blutes bedeutete mehr.

Die gegenseitigen Provokationen hatten den Vorteil, daß sich so die Fronten klärten, daß die Bereitschaft, eine endgültige Entscheidung herbeizuführen, wuchs. Es kam nur darauf an, wer das erste Signal zum Kampf gab. Die Propagandisten hatten den Krieg bereits eröffnet.

6. Der militärische Endkampf: Actium und Alexandria

Am 1. Januar 33 übernahm Octavian wieder den Konsulat. Er eröffnete die erste Senatssitzung mit einer heftigen Attacke auf die Verfügungen des Antonius im Osten. Er klagte ihn an, den Ausverkauf Roms zu betreiben. Als Antonius während seines Vormarsches nach Armenien davon erfuhr, brach er den Partherfeldzug ab. Er befürchtete ein Zusammenspiel Octavians mit Feinden außerhalb des Imperiums, vielleicht auch mit manchen der Klientelkönige, die Antonius an sich und an Cleopatra gebunden hatte. Er entschied sich, dem zuvorzukommen. Heer und Flotte, dazu die Streitkräfte der abhängigen Dynasten, vor allem aber die Machtmittel des Ptolemäerreiches wurden nach Ephesus an der kleinasiatischen Westküste beordert. Octavian hatte Antonius jeglichen Anteil an Italien verwehrt, obwohl der Vertrag von Tarent beiden Machthabern gerade dort die freie Rekrutierung zugesichert hatte. Doch was zählte ein Vertrag, wenn es um die endgültige Macht ging. Wollte Antonius nicht ein mächtiger, aber auf den Osten eingeschränkter Potentat sein, wollte er auch weiterhin in Rom selbst mitsprechen, dann mußte er seinen Anspruch mit Waffengewalt durchsetzen.

Auch Octavian hatte sich längst auf die militärische Entscheidung vorbereitet. Seine Truppen hatten von 35–33 Illyricum als Exerzierfeld benutzt, gleichzeitig hatte Octavian selbst seine feldherrlichen Fähigkeiten demonstriert und propagiert. Selbst eine Verwundung ließ sich gut ‚verkaufen'; zeigte sie doch, daß niemand ihm den Vorwurf der Feigheit machen konnte. Antonius hatte dies in der Vergangenheit öfter getan. Agrippa hatte die Flotte weiter ausgebaut; denn daß die Entscheidung zur See fallen könnte, war der militärischen Lage nach nicht unwahrscheinlich. Vor allem aber mußte man vorbereitet sein, das Übersetzen der feindlichen Streitkräfte über die Adria zu verhindern. Italien sollte nicht erneut Kriegsschauplatz werden.

Obwohl Antonius seine Kräfte schon im Jahre 33 sammelte, vollzog sich der offizielle Bruch erst im folgenden Jahr. Vielleicht hatte Antonius gehofft, seine Position propagandistisch und militärisch noch zu verbessern. Denn am 1. Januar 32 traten zwei seiner engsten Verbündeten den Konsulat an: C. Sosius und Cn. Domitius Ahenobarbus. Zudem könnte der Triumvirat am Ende des Jahres 33 abgelaufen sein. Für ihn selbst, der so weit entfernt war, bedeutete dies wenig; für seinen Rivalen aber, der sich in Rom und Italien aufhielt, dort, wo durch das römische Volk getroffene Entscheidungen wichtig genommen werden konnten, erwuchsen möglicherweise Schwierigkeiten, keine unüberwindlichen, aber zumindest taktische. Dies zeigte sich, als C. Sosius am 1. Januar 32 in der ersten Senatssitzung den abwesenden Caesar heftig angriff. Der Eindruck auf die Senatoren war so tief, daß Octavian offensiv darauf antworten mußte. In der nächsten Senatsversammlung erschien er mit bewaffneten Anhängern. Dies war ein deutlicheres Signal als alle seine Anklagen gegen Antonius wegen des Ausverkaufs römischer Interessen im Osten. Obwohl Octavian für diese Anschuldigung noch keine Beweise vorlegen konnte, sie vielmehr erst für die folgende Sitzung ankündigte, verließen die beiden Konsuln, nominell immer noch die beiden höchsten Magistrate Roms, die Stadt in Hast. Ihnen schlossen sich weit mehr als 300 Senatoren an, darunter viele aus älteren Familien, auch republikanisch gesonnene. Der Machthaber im Osten, der dort nicht weniger autokratisch herrschte und zudem mit einer orientalischen Königin liiert war, schien ihnen dennoch leichter erträglich als der kühle, sich traditionell römisch verhaltende Octavian. Ihn hatte man in seinem kalt kalkulierenden Machtanspruch erlebt und zu fürchten oder zu verachten gelernt. Antonius war weit entfernt und viele Nachrichten hielt man wohl für übertriebene Propaganda. Manche der ‚Flüchtlinge' erwachten schnell aus ihrem Traum, Antonius sei der ‚Bessere' unter den beiden Parteiführern. Aber da hatte man schon die Seiten gewechselt.

Für den Augenblick war die Ankunft so vieler prominenter Senatoren für Antonius ein gewaltiger Prestigegewinn. Er konnte seinen Senat präsentieren, was ihm zusätzlich Legitimität verschaffte. Sein Gegner aber konnte als Unterdrücker der republikanischen Freiheit, die wesentlich eine Freiheit der Senatoren gewesen war, denunziert werden. In der Moderne hat man Octavians Erscheinen im Senat mit Bewaffneten als Staatsstreich beschrieben. Diese Einschätzung ist nicht unproblematisch; denn ob der Triumvirat damals wirklich bereits abgelaufen war, läßt sich nicht endgültig entscheiden. Antonius bezeichnete sich weiter als Triumvir; seine rechtliche Situation war nicht besser als die Octavians. Letztlich waren legalistische Überlegungen aber auch für beide Seiten nur Mittel im politischen Kampf. Man benutzte sie, wenn es opportun schien; entscheidend war nur der Machtgewinn.

Octavian erhielt die angekündigten Beweise erst als Folge der Flucht so vieler Senatoren zu Antonius. Sie trafen im Osten nicht nur auf ihn, sondern auch auf Cleopatra, die mit all dem Prunk eines hellenistischen Königshofes erschienen war und sich mit Antonius von Ephesus nach Athen begeben hatte. Hier setzte sie auch endlich die Scheidung ‚ihres Mannes' Antonius von Octavia durch. Ob Antonius dann auch offiziell die ägyptische Königin heiratete, ist nicht bekannt. Für eine nach römischen Maßstäben gültige Ehe hätte der Rumpfsenat in Athen Antonius eine Sondergenehmigung erteilen müssen; das ist wenig wahrscheinlich. Denn die Spannungen zwischen den ‚Römern' um Antonius und der Königin wuchsen. Man erkannte den Einfluß, den sie als Frau auch öffentlich auf die politisch-militärischen Entscheidungen hatte. Man fand gewissermaßen die Beschuldigungen Octavians, die ägyptischen Götter seien zum Kampf gegen Roms Jupiter angetreten, in der Person der Ptolemäerin konkret vor sich. Was würde dies für Rom bedeuten? Auch für die Stellung der Männer als Politiker? Ein unentwirrbares Knäuel tief verwurzelter Emotionen und rationaler Überlegungen bewegte viele Senatoren. Antonius hat nicht erkennen wollen, wie gefährlich ihm dies wurde und wie es seinen Gegner stärkte. Er hätte es spätestens bemerken müssen, als Munatius Plancus und dessen Neffe Marcus Titius, die seit fast einem Jahrzehnt zu ihm hielten, im Herbst 32 die Seiten wechselten. Er hat es nicht erkannt oder zumindest nicht die Kraft gefunden, Konsequenzen zu ziehen. Den Vorteil hatte Octavian.

Die beiden Überläufer brachten die Informationen, die nötig waren, um Octavians Beschuldigungen gegen Antonius festen Grund zu geben. Munatius Plancus kannte den Inhalt von Antonius' Testament; er hatte als Zeuge unterschrieben. Er wußte auch, daß das Original bei den Vestalinnen in Rom verwahrt wurde. Antonius hatte darin festgelegt, daß er nach seinem Tod an Cleopatras Seite in Alexandria begraben werden sollte. Seine Kinder von der Königin sollten als Könige über Länder herrschen, die Roms Eigentum waren, da römische Truppen sie erobert hatten. Der Ausverkauf Roms durch Antonius schien bestätigt, das alexandrinische Grabmal bewies, daß er sich von seinen Ursprüngen losgesagt hatte. Das verkündeten jedenfalls Octavian und seine Propagandisten. Die Beweise waren für ihn so wertvoll, daß er sogar in Kauf nahm, die Unverletzlichkeit des Hauses der Vestalinnen zu stören. Denn er zwang die Obervestalin, ihm Antonius' Testament auszuhändigen; daraus zitierte er dann im Senat. Niemand außer ihm soll allerdings das Testament gelesen haben. Octavian berief sich auf das Notstandsrecht, das zum Schutz Roms auch diese ungeheure Verletzung der göttlichmenschlichen Sphäre rechtfertigte. Der überlieferte Inhalt der testamentarischen Regelungen dürfte authentisch sein; daß Octavian den Senatoren alles mitteilte, darf, ja muß man bezweifeln.

Jetzt endlich konnte er offen handeln. Im Senat wurden Antonius alle seine Vollmachten aberkannt, auch der schon lange festgelegte Konsulat des Jahres 31. Die Kriegserklärung ging allerdings an Cleopatra, deren Truppen Rom und Italien bedrohten. Antonius war der Frau verfallen, ihrem Zauber; er war nicht mehr handlungsfähig. So vermied man offiziell die Erklärung des Bürgerkrieges. Octavian hatte diesen schlimmen Zustand für Rom schon nach dem Sieg über Sex. Pompeius für beendet erklärt. In der Realität hat sich freilich kaum jemand über den Charakter des kommenden Krieges täuschen lassen. Um so wichtiger war es, die eigene Anhängerschaft zu verbreitern und zu motivieren. In den *res gestae* formulierte Augustus, ganz Italien habe sich einvernehmlich hinter ihn gestellt (es war der berühmte *consensus universorum,* die Eintracht aller Bürger) und ihn als Führer, als *dux*, in dem Krieg gefordert. Er erfüllte also den Willen der römischen Bürger, die sich, wie auch die Bewohner der Westprovinzen, eidlich auf ihn verpflichteten. Nicht überall wird die Eidesleistung so spontan und freiwillig erfolgt sein, wie es später dargestellt wurde. Es gab Mittel, um diese ‚Freiwilligkeit' zu erzeugen. Zudem lebten viele Zehntausende von ehemaligen Soldaten in italischen Städten; sie und die emeritierten Centurionen, die in großer Zahl einen Platz in den Stadträten gefunden hatten, setzten sich für den Sohn Caesars ein, dem sie ihre Versorgung verdankten. Sie wußten, wer zur Opposition gehörte; deren Einschüchterung gelang weithin. Jetzt zahlte es sich für Octavian aus, daß er nach Philippi die damals haßerzeugende Aufgabe der Veteranenansiedlung übernommen hatte. Schwierigkeiten blieben genug. Auch jetzt brauchte Octavian neben Treueerklärungen und Eiden vor allem Geld. Als alle Bewohner Italiens gezwungen wurden, ein Viertel ihres Jahreseinkommens abzuliefern, brachen an manchen Orten Unruhen aus. Doch es waren genügend Truppen da, die eingesetzt werden konnten. Sie holten das Geld, das für sie gedacht war.

In Rom selbst hatte Agrippa vor allem im Jahre 33 während seiner Amtszeit als Ädil das Leben der Volksmassen erleichtert und so die Zustimmung für die caesarische Partei verstärkt. Zwei große Wasserleitungen, die Aqua Virgo und die Aqua Iulia wurden erbaut und überall in der Stadt neue Brunnen angelegt. Frisches Trinkwasser, die Verbesserung der Hygiene durch Kloaken und die Versorgung der Bäder mit Wasser waren zur Beeinflussung der Plebs nicht weniger wichtig als das ausreichende Getreideangebot in der Stadt. Die Unterstützung der Politik Octavians wurde so auf kluge und effektvolle Weise ‚erkauft'. Die Sorge um Rom und Italien ließ sich wirkungsvoll propagieren. Italien und Rom standen vereint gegen den Feind, gegen den „Versuch eines entarteten Römers, auf dem Kapitol die Herrschaft einer Barbarenkönigin mit ihren Eunuchen, ihren Moskitonetzen und dem ganzen Apparat von orientalischem Luxus zu etablieren“ (Syme, Roman Revolution 289). Octavian war untrennbar an Rom und Italien gebunden. Deshalb ließ er schon damals mit dem Bau seines monumentalen Grabmals auf dem Marsfeld beginnen: Der Gegensatz zu Antonius' testamentarischer Verfügung, in Alexandria bestattet zu werden, wurde allen demonstrativ vor Augen geführt. Ebenso demonstrativ wurde die Kriegserklärung an Cleopatra gestaltet: Der erwählte *dux* Italiens schleuderte als Fetialpriester die rituelle Lanze in ein zum Feindesland erklärtes Geviert in Rom. Auch hier wurde der Tradition Genüge getan.

Antonius wollte den Krieg in Italien entscheiden; Octavian mußte dies verhindern. Es gelang ihm und Agrippa, früh im Jahre 31 ihre Truppen über die Adria zu setzen; damit war eine Vorentscheidung gefallen. Heer und Flotte des Orients waren größtenteils um den Golf von Ambracia versammelt, kleinere Kontingente sollten die Zufuhr von Süden her sichern. Diese wurden relativ schnell von Agrippa besiegt, der Nachschub damit abgeschnitten. Octavian war auf der Höhe von Corcyra gelandet und zog von dort nach Süden. Antonius saß bald mit Flotte und Heer in der Falle. Alle Bemühungen, eine Entscheidung mit dem Landheer zu erzwingen, scheiterten. Octavian konnte warten, während die Zeit gegen Antonius arbeitete. Desertionen wurden bald zur Normalität. Manche der östlichen Dynasten, die sich keineswegs alle freiwillig dem Regiment Cleopatras untergeordnet hatten, sahen den Machtverfall und entschieden nach ihren eigenen Interessen: Sie verließen Antonius' Heer. Aber auch von den römisch-ägyptischen Truppen und Flottenmannschaften fielen manche ab, insbesondere als die Blockade durch Agrippas Schiffe die Lebensmittelversorgung verschlechterte und die Sommerhitze zu Krankheiten führte. Im August hatte Antonius höchstens noch die Hälfte der ursprünglich versammelten Truppen zur Verfügung. Nichts allerdings mußte sein Selbstbewußtsein mehr treffen als der Übertritt des Domitius Ahenobarbus, eines langjährigen gewichtigen Anhängers, auf die andere Seite. Ahenobarbus wußte, welcher Schaden für Antonius' Sache entstand, weil Cleopatra ostentativ als Kriegführende, als aktive Mitgestalterin der Politik in Erscheinung trat. Als er sah, daß Antonius seine Haltung nicht ändern würde, verließ er ihn endgültig. Andere Senatoren sind seinem Beispiel gefolgt, manche auch in nüchterner oder verzweifelter Abschätzung der Chancen. Das Faktum, bei Actium auf der ‚richtigen' Seite gekämpft zu haben, zählte später unter dem augusteischen Regime. Augustus selbst hebt in den *res gestae* hervor, damals hätten mehr als 700 Senatoren ihn unterstützt; darunter seien 83 gewesen, die zum höchsten Amt, dem Konsulat gelangt seien, und etwa 170, die einem römischen Priesterkollegium angehört hätten. Da beides nur für die führenden Personen und Familien zu erreichen war, sollte deutlich gemacht werden, wie alle, die in Rom zählten, sich patriotisch um den Führer Italiens geschart hatten.

Die Lage bei Actium wurde für Antonius von Tag zu Tag schwieriger; wenn er noch länger wartete, würde seine Streitmacht so schwach, daß er nicht mehr selbst entscheiden könnte, wie und wann er handeln wollte. Deshalb entschloß er sich zum Kampf, um zu fliehen – was paradox erscheinen mag, doch sehr rational war. Daß er keine Entscheidungsschlacht suchte, zeigen die Großsegel, die seine Schiffe an Bord hatten. Bei einem echten Kampf waren diese nur hinderlich, also war das eigentliche Ziel der Durchbruch und die Flucht. Am 2. September standen sich die beiden Flotten lange gegenüber, kommandiert von C. Sosius, dem Konsul von 32, und von Agrippa. Als sie gegen Mittag endlich Feindberührung hatten, wurde Antonius' Flotte ein Opfer der Taktik Agrippas, der mit seinen kleineren, aber zahlenmäßig überlegenen Schiffen die mächtigen, schwerfälligen Großschiffe seines Gegners in größte Bedrängnis brachte. Als es der in der Bucht von Actium auf ihrer eigenen Flotte wartenden Cleopatra klar wurde, daß der Durchbruch nicht so wie geplant gelingen würde, ließ sie die Segel setzen und flüchtete durch die kämpfenden

Schiffe hindurch; Antonius folgte ihr. Damit war alles entschieden. Auch die Legionen kapitulierten; sie hatten aber zuvor noch gute Bedingungen für ihre eigene Versorgung ausgehandelt. Solche Großzügigkeit des Siegers machte sich politisch und militärisch bezahlt. Dem Apollo der Insel Leucas, später als Apollo von Actium verehrt, wurde der Sieg über die ägyptischen Götter zugesprochen. Der Tempel auf dem Palatin, der nach der Schlacht von Naulochos gelobt worden war, wurde jetzt ihm gewidmet. An der Stelle, an der Octavians Lager gestanden hatte, wurde die Siegesstadt, Nicopolis, errichtet; ein Altar kündete als Siegesmonument vom Dank Octavians an Neptun, Mars und Apollo Actiacus; alle vier Jahre erinnerten athletische Spiele an die Wende, die die Schlacht von Actium gebracht hatte.

Da Antonius und Cleopatra in Ägypten nochmals den Widerstand organisierten, war noch ein kurzes Nachspiel erforderlich. Am 1. August 30 wurde Antonius von Octavians Heer vor Alexandria geschlagen. Er durchbohrte sich selbst mit dem Schwert und starb in den Armen Cleopatras. Als der Sieger sie für seinen Triumph schonen wollte, entzog sie sich seinem Zugriff durch den Biß einer Schlange. Dieser Tat konnte selbst Horaz in einem seiner Gedichte seine Anerkennung nicht versagen. Daß Octavian seines prächtigsten Beutestücks beraubt war, konnte er verschmerzen. Er, sein Heer und seine Partei waren die alleinigen Sieger, das Imperium war der Siegespreis. Eine neue, reiche Provinz war für Rom und ihn selbst gewonnen. Die Schätze des ptolemäischen Königshauses, die ihm nach Cleopatras Tod in die Hände gefallen waren, die Einnahmen aus Ägypten sowie die andere Kriegsbeute erlaubten ungeahnte Belohnungen an alle Parteigänger, insbesondere bei dem dreifachen Triumph, den der Caesarsohn an drei aufeinanderfolgenden Tagen in Rom im August 29 feierte: für seine Siege in Illyricum, bei Actium sowie vor Alexandria. Niemals vorher hatte Rom Ähnliches erlebt. Die Triumphe schlossen auch eine zwanzigjährige Bürgerkriegszeit ab, die mit dem Überschreiten des Rubico durch Caesar begonnen hatte. Die Leiden, die Greuel, die Unsicherheiten hatten die Menschen zermürbt, viele Familien, die vorher die Politik bestimmt hatten, waren ausgelöscht, neue Männer waren erschienen, denen die Traditionen der Republik keine gelebte Erfahrung mehr waren, sondern nur noch Begriffshülsen. Was aber alle verband, war die Sehnsucht nach Frieden, für den die meisten einen hohen Preis zu zahlen bereit waren. Als Octavian 29 das Heiligtum des Ianus Quirinus in Rom schließen ließ als Zeichen, daß im gesamten römischen Reich Friede herrsche, sollte dies symbolisch die neue Zeit verkünden. Zu klären war nur noch, in welcher Form das Gemeinwesen sein neues Leben nach dem Bürgerkrieg führen und wo der Sieger im Bürgerkrieg seinen Platz finden würde.

7. Die neue politische Ordnung: Das Werden des Prinzipats

Der griechische Historiker Cassius Dio, selbst Mitglied des Senats, hat in sein Geschichtswerk, das er zu Anfang des 3. Jahrhunderts schrieb, zwei Reden eingefügt, die im Jahre 29 vor Octavian gehalten worden sein sollen. Die beiden Redner waren nach ihm Agrippa, der faktische Sieger in den Kämpfen, die zur alleinigen Herrschaft Octavians geführt hatten, und Maecenas, aus altem etruskischen Adel stammend, hochgebildet, ein kluger Politiker, der aber eher im Hintergrund wirkte, nicht dem Senat angehörte und auch nie eine Magistratur übernahm. Octavian hatte ihm wichtige und delikate Aufträge anvertraut. Während der Jahre 31–29, als der Sieger von Actium im Osten weilte, vertrat er dessen Interessen in Rom und Italien.

Nach Cassius Dio erörterten sie, wie die politische Ordnung Roms nach den Bürgerkriegen gestaltet werden solle. Agrippa plädierte für eine Wiederherstellung der republikanischen Ordnung, was für Octavian eine Aufgabe der errungenen Macht bedeutet hätte. Maecenas dagegen empfahl nicht nur unmittelbar eine offene Monarchie, sondern entwickelte auch im Detail eine gesamtstaatliche Struktur für Senat, Amtsträger, Heer, Steuern und Rechtsprechung. Es war letztlich eine sehr weitgehende Reform aller Lebensbereiche, die von Maecenas entworfen wurde.

Diese Reden sind nie gehalten worden; niemand hätte auch die dort vorgeschlagenen, tiefgreifenden Umstrukturierungen damals vorausahnen und theoretisch entwickeln können. Doch Cassius Dio trifft mit seinem Redenpaar einen zentralen Punkt: In den Jahren nach Actium hat Octavian intensiv mit seinen Vertrauten darüber gesprochen, wie die politische Form aussehen müsse, damit er und seine Anhänger die Macht nicht verlieren würden, sie aber gleichzeitig legal in Händen hätten. Konkret ist von diesen Gesprächen nichts bekannt; sie wurden nicht in der Öffentlichkeit geführt. Die Zeit der offenen Diskussion solch lebenswichtiger Fragen vor dem Senat oder gar in der Volksversammlung war vorbei. Nur ausgearbeitete Vorschläge wurden im Normalfall noch zur Beschlußfassung vorgelegt. So kann man nur vermuten, was für Octavian und seine Vertrauten die leitenden Ideen waren, die schließlich zu den Entscheidungen führten, auf denen die dauerhafte Herrschaft des Siegers im Bürgerkrieg beruhen sollte.

Zwei Eckpunkte waren klar und unverrückbar: Octavian hatte nicht die Absicht, die errungene Macht wieder abzugeben. Es mußte also eine Form gefunden werden, die seine Machtstellung im Kern bewahrte. Das verlangte auch das Interesse der caesarischen Partei. Schließlich hatte Octavian nicht allein gesiegt; die Mitsieger verlangten ihren Anteil. Zum anderen schied das Modell, das Caesar entwickelt hatte, nämlich eine auch der Form nach eindeutige Monarchie, in der der republikanische Untergrund kaum mehr erkennbar war, als politische Möglichkeit aus. Die Ermordung Caesars war die Antwort gewesen. Gewiß, nach den traumatischen Erfahrungen, die die römische Gesellschaft, vor allem ihre politischen Führungsgruppen, in den vergangenen Jahrzehnten gemacht hatte, war sie weit mehr als im Jahre 44 bereit, einen Machthaber zu akzeptieren. Aber wenige wollten offen die unverhüllte politische Revolution.

Die Grundentscheidung, die deshalb Octavian mit seinen politischen Freunden und Beratern traf, hieß, die alte republikanische Ordnung jedenfalls dem Wort nach wiederherzustellen. Das war von ihm in den zurückliegenden Jahren auch immer wieder erklärt worden. Um Octavians Macht abzusichern, benutzte man rechtliche Elemente, die gerade in der späten Republik entwickelt worden waren, um außergewöhnliche Situationen zu bewältigen und den Ehrgeiz von Leuten wie Pompeius, Caesar und Crassus in den Rahmen der republikanischen Ordnung einzupassen. Dadurch war der ‚konstitutionelle' Rahmen, d.h. das, was politisch möglich war, erheblich erweitert worden. Da diese neuen Elemente von Senat und Volk akzeptiert worden waren, bildeten sie bereits einen Teil der römischen Tradition. Die ‚Verfassung' lebte weithin aus solch ständig zuwachsender Tradition. Jetzt galt es vor allem, den Zeitpunkt richtig zu wählen, um die Rückkehr zur republikanischen Ordnung und die Absicherung der Macht als natürliche und sich ergänzende Akte erscheinen zu lassen.

Die Zeit nach dem Sieg über Antonius wurde genutzt, um den richtigen Augenblick herbeizuführen. Octavian wurde als Friedensbringer gefeiert. Die Ehren, die ihm angetragen wurden, demonstrierten, wie außergewöhnlich seine Leistungen waren. Sein Name sollte in alle Gebete und Gelübde der Staatspriester aufgenommen werden, vor allem in das Lied der Salier, einer Priesterschaft, die auf Romulus zurückgehen sollte; sein Geburtstag sowie der Tag des Sieges bei Actium wurden zu Festtagen erklärt. Seinem Genius sollten auch die Bürger bei ihren privaten Festen ein Opfer darbringen. Nach langer Unterbrechung wurde auch das *augurium salutis* wieder durchgeführt: die Götter wurden gebeten, das Heil des römischen Volkes, die *salus populi Romani*, zu mehren – ihr Vertreter in dieser Welt war dabei Octavian. Seine Gestalt wurde in eine über die Menschen hinausreichende Sphäre gerückt, die Abhängigkeit der Existenz des Gemeinwesens von seiner Person allen demonstriert. Dabei mochten ehrliche Überzeugungen und politisches Kalkül zusammenwirken.

Wer es wollte, konnte die Veränderungen gegenüber dem

vorausgegangenen ‚Chaos' auch sehen. In Rom wurden Tempel und Heiligtümer wiederhergestellt. Ein Census erfaßte nach mehr als 40 Jahren zum ersten Mal wieder die gesamte römische Bürgerschaft. Die Zahl von 4063000 Bürgern, mehr als das Vierfache gegenüber dem letzten Census 69 v. Chr., ließ die Stärke Roms erkennen. Augustus vergaß nicht, diese Zahl in seine *res gestae* aufzunehmen. Während der Bürgerkriege waren nicht wenige der patrizischen Familien ausgelöscht worden; dabei waren sie in ihrer Weise notwendige Garanten für das Weiterbestehen Roms. Denn nur Patrizier konnten bestimmte Priestertümer übernehmen, auf deren kultischen Handlungen das Wohlwollen der Götter und damit das Heil des Staates beruhte. Octavian erhielt im Jahre 30 das Recht, neue Patrizier zu ernennen. Im folgenden Jahr führte er den Akt durch; vor allem seine politischen Anhänger finden sich unter den neuen Patrizierfamilien. Schließlich erklärte er im Jahr 28 öffentlich alle Maßnahmen während der Triumviratszeit, die gegen die Gesetze erlassen worden waren, für ungültig. Dies bedeutete keine Schwächung seiner Stellung, obwohl die Erklärung ja gerade auch sein Handeln betraf; sie schuf aber vermutlich Handlungsfreiheit, weil auch er selbst nicht mehr an alle Zusagen und Versprechungen gebunden war.

Dies war einer der entscheidenden Schritte zur Wiederherstellung der *res publica*, die, wie Augustus selbst in den *res gestae* cap. 34 feststellt, in seinem 6. und 7. Konsulat erfolgte. Es war ein längerer Prozeß, nicht ein einmaliger Akt, wie Cassius Dio, unsere Hauptquelle, suggeriert. Auch eine erst vor kurzem publizierte Goldmünze, die nach dem 6. Konsulat Octavians (28 v. Chr.) datiert ist, betont, er habe *iura et leges*, Recht und Gesetze, dem römischen Volk zurückgegeben, eben schon im Jahr 28. Das hieß wohl vor allem, daß von nun an wieder formal freie Wahlen erfolgen und die Gerichtshöfe ohne direkte Einflußnahme wirken konnten. Das veränderte die politische Atmosphäre. Wie freilich im einzelnen der Prozeß über das gesamte Jahr 28 hin inszeniert wurde, entzieht sich unserer Kenntnis.

Der abschließende entscheidende Akt erfolgte im Januar des

Jahres 27. Er war wohl nicht so dramatisch, vor allem nicht so konzentriert, wie das Cassius Dio geschildert hat, der in seiner Darstellung die Rückgabe der gesamten Macht in diese Januartage zusammendrängte; doch der Akt war immerhin noch einschneidend genug. Denn Octavian löste sich von seiner vollen und uneingeschränkten Befehlsgewalt über alle Provinzen und die dort stationierten Legionen, also seiner eigentlichen Machtgrundlage.

Was er damals im Detail dem Senat vortrug, wissen wir nicht. So, wie es bei Cassius Dio zusammengefaßt ist, und wie es auch die *res gestae* suggerieren, ist es nur eine Halbwahrheit. Denn er gab zwar das Gemeinwesen in die Hände derer zurück, die der legale „Souverän" waren, Senat und Volk. Sie sollten wieder die Entscheidungsbefugnis haben. Doch in der Realität waren sie keineswegs frei zu entscheiden, zumal sie nicht einmal ein Initiativrecht besaßen. Wichtiger aber war, daß Octavian durch die Rückgabe von Provinzen und Heer nicht plötzlich zu einem Privatmann geworden war, er repräsentierte vielmehr als Konsul die höchste Initiativgewalt im Gemeinwesen. Vom Konsulat, den er zusammen mit Marcus Agrippa im Jahr 27 erneut innehatte, trat er nicht zurück. Ferner galt ihm die Loyalität der Soldaten in den Legionen, aber auch der Veteranen. Seine Klientel im gesamten Reich war unzählbar und mit seiner finanziellen Potenz konnte schon damals niemand konkurrieren. Das bedeutete Macht auf allen Ebenen von Politik und Gesellschaft. Das wußten alle Senatoren. Vor allem aber wußten oder ahnten die meisten, daß er gar nicht die Absicht hatte, einfach auf die Macht zu verzichten. Einige von ihnen wußten das sogar besonders gut. Als nach der Rede Octavians die Aussprache der Senatoren begann, war ihre Stunde gekommen – und sie spielten ihre Rolle. Es war leicht zu erklären, welche Verdienste sich der Sohn Caesars um alle Bürger erworben hatte. Den Frieden verdankte man ihm. Nicht umsonst hatte man seinen Namen als Garanten der Wohlfahrt des Staates in die Gebete an die Götter aufgenommen. Diese mußten ihn um Roms willen in ihren Schutz nehmen. Wollte er, Octavian, jetzt den *populus Romanus* im

Stich lassen, erneut das Chaos ausbrechen lassen? In den Grenzprovinzen war noch keine Ruhe eingekehrt, das Verhältnis zu den Parthern war weiterhin gespannt. Er dürfe sich den zwingenden Notwendigkeiten nicht entziehen; er müsse für das Gemeinwesen tätig bleiben, am besten so umfassend, wie er es in den letzten Jahren so erfolgreich getan hatte.

Das konnte und mußte Octavian ablehnen; der gesamte Effekt der Machtrückgabe wäre sonst verloren gewesen. Doch Schritt für Schritt ließ er sich dazu drängen, wieder Verantwortung zu tragen, und schließlich erklärte er sich bereit, die Sorge um diejenigen Provinzen zu übernehmen, die noch nicht völlig befriedet waren. Das war ein beträchtlicher Teil des Imperiums, trotz der Schließung des Ianus-Heiligtums: Ganz Spanien, ganz Gallien, Syrien, Kilikien, Zypern und – natürlich – Ägypten. Es war kein Zufall, daß vor allem Spanien, Gallien und Syrien dazugehörten, die Reichsteile, die 55 v. Chr. die Triumvirn Caesar, Pompeius und Crassus übernommen hatten. Jetzt sollte ein einziger diese drei Reichsteile und einiges mehr unter seinem Kommando zusammenfassen. Der Schritt zur Herrschaft eines Mannes über das Reich wurde daran sichtbar. Doch durfte die Macht, die so auf rechtlich unanfechtbare Weise in seine Hände gelangte, auch jetzt noch nicht wie eine – lebenslange – Monarchie wirken. Deshalb ließ Octavian nur zu, daß ihm die Provinzen befristet auf zehn Jahre übertragen wurden. In der Zeit konnte er die Befriedung durchführen; falls in einigen Gebieten dieser Zustand vorher erreicht wäre, würde er, so sein Versprechen, sie bereits zuvor zurückgeben. Es ging bei dieser Entscheidung natürlich nicht nur um die genannten Provinzen, sondern vor allem auch um die dort stationierten Legionen, die den größeren Teil der römischen Streitkräfte darstellten, freilich nicht alle. Weitere Legionen standen in Illyricum, Macedonia, Pamphylia und Africa, in Provinzen, die nicht Octavian zugewiesen, sondern Provinzen des römischen Volkes genannt wurden. Doch der größere Teil der Legionen war Octavian unterstellt. Das war sein entscheidendes machtpolitisches Ziel gewesen. Eine neue Amtsgewalt, um diese Aufgaben durchführen zu können, mußte man ihm nicht übertragen; er war Konsul, und als solcher konnte er auch Provinzen leiten und die dort stationierten Truppen kommandieren. Es war eine sehr einfache und effektive Form, Octavians Macht zu legalisieren und zu sichern. Neu war sie keineswegs; schon Pompeius hatte im Jahre 55 als Konsul die spanischen Provinzen geleitet, ohne Rom und Italien zu verlassen. Er hatte dorthin Senatoren als seine Vertreter, als seine Legaten gesandt, die als von ihm Abhängige die konkrete Arbeit organisierten. Genau dies war das Konzept, dem Octavian folgte. Die Statthalterschaften der Provinzen des Volkes vergab der Senat.

Gegenüber der offenkundigen Machtposition, die Octavian vorher eingenommen hatte, stellte die Neuverteilung oberflächlich betrachtet eine Schwächung dar. Tatsächlich aber gewann er weit mehr, als er ‚verlor'. Denn nunmehr konnte er zu Recht darauf verweisen, der Senat habe ihn sogar gedrängt, diese staatlichen Aufgaben zu übernehmen. Nicht mehr eine in chaotischer Zeit begonnene, formell wenig greifbare ‚Zustimmung aller' , der *consensus universorum*, bildete die Grundlage seiner Stellung, sondern offizielle Senatsbeschlüsse und der ordentliche Konsulat. Wenn Augustus seinerseits in den *res gestae* betont, seit dieser Zeit habe er an Einfluß, *auctoritas*, alle übertroffen, aber niemals mehr Amtsgewalt besessen als diejenigen, die mit ihm zusammen eine Magistratur innehatten (*res gestae 34*), dann ist dies zutreffend. Er verschweigt aber, daß seine *auctoritas* auf einer sehr festen Grundlage ruhte: dem Kommando über die Provinzkomplexe und die dort stationierten Legionen, seinen unvergleichlichen Finanzmitteln und der riesigen Klientel. In Rom stand ihm eine Leibwache, die Prätorianer, zur Verfügung. Der erste Beschluß, der nach der Rückgabe von Provinzen und Heer im Senat gefaßt wurde, war eine Verdoppelung des Soldes für diese. Ihre Loyalität war überlebenswichtig. Dem so unschuldig klingenden Begriff *auctoritas* darf somit alleine keine so große Bedeutung beigemessen, vielmehr muß die konkrete Macht dahinter gesehen werden. Für die ideologische Kaschierung der Alleinherrschaft eignete er sich jedoch

Sesterz ca. 16/15 v. Chr. („*ob civis* (sic) *servatos*“)
mit der Darstellung der *corona civica*,
aus: John P. C. Kent/Bernhard Overbeck/Armin Stylow:
Die römische Münze, München (Hirmer) 1993, KO 130 V, Tafel 34.

hervorragend. Tatsächlich war Octavian auch offiziell, trotz seiner anders klingenden Aussage, in einer einzigartigen Position. Denn er war Konsul, konnte damit die Politik in Rom gegenüber Senat und Volksversammlung leiten, andererseits aber unterstanden ihm weite Teile des Provinzialreiches. Kein anderer hoher Amtsträger hatte eine auch nur im Ansatz vergleichbare Position.

Diese politisch-rechtliche Neuordnung der Jahre 28 und 27 wurde vom Senat als „Wiederherstellung der Republik“ gefeiert. Dieses Schlagwort erlangte seine Teilberechtigung nur vor dem Hintergrund der jahrzehntelangen Bürgerkriege und der rechtlich sanktionierten Willkür der Triumviratszeit. Eine Wiederherstellung des alten politischen Lebens mit freiem Senat und einer allgemeinen Konkurrenz der Nobilitätsfamilien um die Durchsetzung ihrer Interessen in der Volksversammlung war nicht mehr möglich. Aber ein Schein von Restitution, ein Schimmer von Freiheit war zu erkennen.

Der Dank von Senat und Volk für den, der diesen trügerischen Glanz möglich gemacht hatte, mußte außergewöhnlich sein, mußte Formen finden, wie sie bisher nicht üblich gewesen waren. Man verlieh ihm als Auszeichnung einen goldenen

Ehrenschild, der im Senatssaal aufgehängt wurde. Darauf waren die vier Tugenden der Tapferkeit, der Gerechtigkeit, der Milde und der Pflichterfüllung gegenüber Göttern und Menschen verzeichnet (S. 8). Octavian verkörperte sie in idealer Weise, so die Aussage des Senats. Unzählige Beispiele ließen sich für all seine herausragenden Eigenschaften anführen. Er hatte Caesar gerächt, er hatte vielen seiner Gegner nach Actium Verzeihung gewährt, ohne dazu gezwungen zu sein. Dennoch hatten manche ihre Zweifel an dem Idealbild, nicht weniger bei der Verleihung der Bürgerkrone, der *corona civica*, die derjenige erhielt, der römische Bürger vor dem Tod gerettet hatte: *ob cives servatos*, wegen der Rettung der Bürger, wurde deshalb auf Münzen verkündet. Nicht alle hatten freilich die Vergangenheit vergessen, nicht nur das mörderische Abschlachten nach der Eroberung von Perusia.

Wichtiger als diese und andere Ehrungen war jedoch auf lange Sicht, daß der Senat ihm auch einen neuen Beinamen verlieh: Augustus. Wir übersetzen das häufig mit ‚der Erhabene'. Auch hier handelte der Senat jedoch nicht spontan; vielmehr war im Kreis um Octavian lange überlegt worden, welches Cognomen er wählen solle, das ihn von allen anderen Römern abheben konnte. Längere Zeit hatte er Romulus favorisiert. Auch er wollte mit seiner Neuordnung des Staates ein Neugründer Roms sein. Doch mit Romulus war zu sehr der Gedanke an das Königtum verbunden; gerade das offene Bekenntnis zu einer monarchischen Form aber sollte vermieden werden. Zudem war die Geschichte im Umlauf, Romulus sei am Ende seines Lebens wegen seiner tyrannischen Entartung von den Senatoren ermordet, buchstäblich zerrissen worden. Der Name hätte auch als ein schlimmes Omen wirken können, hätte Erinnerungen an Caesar geweckt. So fand man das unverfängliche, da ganz neue Cognomen Augustus, das durch seine Assoziationen den Träger mit der religiösen Sphäre in Verbindung brachte. Munatius Plancus, der Überläufer des Jahres 32, brachte den Vorschlag im Senat ein; er hatte seine Instruktionen erhalten. Der Name war keine spontane Erfindung.

Von nun an trug der Sohn Caesars einen unvergleichlichen Namen; kein anderer Römer konnte damit konkurrieren. Spätestens seit Beginn der 30er Jahre hatte er sich *Imp(erator) Caesar divi filius* genannt, auch dies im höchsten Maße aufsehenerregend. Denn keines der Namenselemente entsprach dem Üblichen. Durch den neuen Vornamen *Imp(erator)* (Feldherr) reklamierte er Roms Sieghaftigkeit dauerhaft für sich. Eine Familie der Caesaren hatte es bisher nicht gegeben; Caesar war nur Cognomen eines Zweiges der Iulier gewesen. Mit dem neuen Namen trat eine völlig neue Familie, seine eigene, in die römische Geschichte ein. Und nur er war der Sohn eines unter die Götter versetzten Vaters. Jetzt, wohl am 16. Januar 27, kam noch dieses außergewöhnliche Cognomen hinzu: *Imp. Caesar Augustus*, ein dreiteiliger römischer Name, und doch etwas völlig Neues, völlig Herausragendes.

Die drei Bestandteile waren aber kein Titel, keine Bezeichnung, die rechtlich seine Stellung erfaßte. Es war und blieb, jedenfalls solange Augustus lebte, ein Name. Erst als seine Nachfolger diese Namenselemente übernahmen und jeder sie führte, wandelte sich der Bedeutungsinhalt langsam hin zum Titularen. Jeder der drei Namensteile konnte dann begrifflich das umfassen, was wir mit Kaiser bezeichnen. Gerade Kaiser aber war Augustus noch nicht, nicht nach der Neuordnung des Jahres 27, aber auch später nicht. Darauf ist nochmals zurückzukommen. Er nahm die Stellung des ersten Mannes ein, des Princeps, der im Auftrag von Senat und Volk die Sorge um die Bürgerschaft übernahm. Während der Republik hatten stets mehrere solcher Principes das Gemeinwesen geführt; jetzt gab es nur noch einen. Ihm als Person wurden Aufgaben übertragen; er setzte seine *auctoritas* für alle ein. So ‚verdiente' er die Anerkennung als ‚Erster', als Princeps. Die neue Herrschaftsform, die so geschaffen wurde, war der römische Prinzipat. 27 war freilich nur ein Anfang. Es bedurfte noch vieler Jahre, letztlich bis zu Augustus' Tod, um die volle Form zu finden. Gerade diese langsame Entwicklung, die zumeist ohne plötzliche, gewaltsame Korrekturen ablief, sicherte die Akzeptanz. Eine von Augustus' Maximen lautete: Eile mit

Weile, *festina lente*! Er hatte gelernt, daß er so im allgemeinen mehr erreichte als durch ungeduldiges Vorwärtsdrängen.

8. Die Ausgestaltung des Prinzipats

Der Rahmen für die neue Ordnung war geschaffen, doch die nähere Ausgestaltung war noch nicht klar. Da es keine Regeln darüber geben konnte, wie man sich zu verhalten hatte, was politisch möglich war oder was als Überschreiten der – nicht expressis verbis gezogenen – Grenzen empfunden wurde, mußten die Spielregeln zwischen den einzelnen Partnern, vor allem gegenüber dem Machthaber, erst noch gefunden werden. Manche, die an diesem Spiel von ‚trial and error' in den ersten Jahren beteiligt waren, kostete ihre Unsensibilität für die neuen Wegmarken zumindest die Karriere, manche auch das Leben; wieder andere lernten schnell und wiesen mit ihren Exempla den neuen Weg.

C. Cornelius Gallus wurde ein warnendes Beispiel. Octavian hatte ihn nach seinem Sieg über Cleopatra in Ägypten als seinen Vertreter, als Präfekten, eingesetzt. Dies war eine herausragende Vertrauensstellung; denn obwohl nicht Mitglied des römischen Senats, wie es traditionsgemäß bisher jeder Statthalter zu sein hatte, war ihm diese reiche Provinz mit dem Kommando über drei Legionen übergeben worden. Gallus aber hatte nicht verstanden, daß seine Stellung größte Zurückhaltung erforderte, daß Octavian keine anderen ‚Götter' neben sich duldete, daß nur er die erste Stellung einnehmen durfte. Der erste Präfekt von Ägypten aber fühlte sich fast wie der Nachfolger der Pharaonen und Ptolemäer. Besessen von Ehrgeiz und Ruhmsucht ließ er es zumindest zu (wenn er es nicht sogar selbst veranlaßte), daß ihm überall im Lande Statuen errichtet wurden und pompöse Inschriften seine eigenen Taten, nicht die seines Herrn in Rom, verkündeten. Manche dieser Inschriften wurden auf die Pyramiden geschrieben, herausragende Symbole königlicher Macht. Einer der Texte ist auf der Nilinsel Philae gefunden worden, so daß wir uns vorstellen können, wie Gallus sich selbst propagiert hat. Da Berichte darüber nach Rom gelangten, wurde sein Verhalten zum politischen Ungehorsam, zum Skandal. Augustus ließ ihn fallen und kündigte ihm die Freundschaft, was sein politisches Ende bedeutete. Der Senat ordnete gerichtliche Untersuchung und Einzug seines Vermögens an. Gallus' einziger Ausweg war, sich selbst zu töten.

Der Vorfall war besonders deswegen für Augustus so beunruhigend, weil Gallus zu seinen engen Anhängern gehörte. Wenn schon ein Vertrauter die politischen Möglichkeiten so falsch einschätzte, was mußte dann von Gegnern erwartet werden? Licinius Crassus, ein Enkel des gleichnamigen Verbündeten Caesars, war im Jahre 27 aus der Provinz Macedonia zurückgekehrt und hatte nicht nur einen Triumphzug feiern, sondern auch die Rüstung des feindlichen Feldherrn, den er eigenhändig getötet hatte, dem Jupiter als Weihgeschenk darbringen wollen – eine öffentliche Demonstration von *virtus*, die größten Seltenheitswert hatte; er hätte damit auch Augustus übertroffen, wäre an Tapferkeit der ‚Erste' gewesen. Das konnte oder wollte der Princeps nicht zulassen; so wurde die Weihung durch rechtliche Finessen verhindert; nur der Triumph konnte stattfinden. Auch Crassus' politische Karriere nahm durch seinen übersteigerten Anspruch ein jähes Ende.

Augustus hat möglicherweise gefühlt, daß der Prozeß der Einübung der neuen Ordnung Zeit brauchte, daß er ihn aber auch nicht zu offensichtlich selbst steuern durfte. Vielleicht verließ er auch aus diesem Grund Mitte 27 die Hauptstadt und begab sich nach Gallien, Anfang 26 dann nach Nordspanien, wo sich die Asturer und Cantabrer noch heftig gegen die römische Dominanz zur Wehr setzten. Der Aufenthalt in den beiden ihm zugewiesenen Provinzkomplexen sollte aber vor allem demonstrieren, daß er den Auftrag, der ihm für zehn Jahre übertragen war, ernst nahm: die Befriedung der Gebiete, die noch keine endgültige Ordnung gefunden hatten. Der Aufenthalt stärkte zudem den Zusammenhalt mit dem Heer und den Veteranen, von denen nicht wenige in Südfrankreich, aber auch in verschiedenen Teilen Spaniens, zum Beispiel in Emerita (Merida), angesiedelt wurden.

In Rom wurde vermutlich in dieser Zeit in vielen Zirkeln über die aktuelle Situation und über die Zukunft diskutiert – bei Augustus' Anhängern und bei denen, die sich abseits hielten. Was sollte man von der ‚neugewonnenen Freiheit' halten, wie sie gebrauchen? Nach Augustus' Erklärung sollten alle Organe des Staates: Volksversammlung, Senat und Magistrate, wie es traditionell üblich war, ihre Aufgaben erfüllen. Welches Maß an Freiheit durfte man sich dabei nehmen, ohne mit dem Princeps in Konflikt zu geraten? Immerhin hielt dieser seit dem Jahr 31 ständig eine der beiden Konsulnstellen besetzt. Das war nicht eigentlich republikanisch. Früher hatte gegolten, daß ein Konsulat erst wieder nach zehn Jahren übernommen werden durfte, jetzt erlebte man einen Dauerkonsulat. Das beschnitt den Ehrgeiz von Angehörigen der alten Nobilität, aber auch von Mitgliedern der Partei des Augustus. Hatten sie so wenig zu dem Sieg beigetragen, daß ihnen die Partizipation an der höchsten Magistratur und damit der Aufstieg in die höchste senatorische Rangklasse, die der Konsulare, verweigert werden konnte? Zudem gab es Zeichen, daß ganz junge Leute sie in Kürze überholen würden. Claudius Marcellus, der Sohn von Augustus' Schwester Octavia aus deren erster Ehe, wurde im Jahr 25 mit der einzigen Tochter des Princeps, mit Iulia, verheiratet. Als er 24 im Alter von nur 18 Jahren zum Ädil designiert wurde, was völlig ungewöhnlich war, erhielt er gleichzeitig das Sonderrecht, sich zehn Jahre vor dem gesetzlich vorgesehenen Termin um den Konsulat bewerben zu dürfen. Welche Leistung hatte er bisher vollbracht, außer daß er Augustus' Neffe und Schwiegersohn war? Solche Zeichen konnten weder den Anhängern des Princeps noch denen, die sich reserviert verhielten, gefallen. Man sprach davon, Marcellus sei als Nachfolger im Falle von Augustus' Tod vorgesehen. Das schuf mehr als Unruhe.

Im Jahre 23 war die krisenhafte Zuspitzung nicht mehr zu übersehen, obwohl wir die Einzelheiten nur schwer erkennen können. Es muß auch zu einer Verschwörung gegen Augustus gekommen sein, in die möglicherweise auch der Konsulatskollege des Princeps, ein Terentius Varro Murena, verwickelt war. Denn er führte seinen Konsulat nicht bis zum vorgesehenen Ende, schied vielmehr früher aus. Der Grund dafür ist uns freilich unbekannt, weil in der offiziellen Konsulnliste, den sogenannten Fasti Capitolini, die uns auf einer Marmortafel erhalten ist, gerade der Teil fehlt, wo die entscheidenden Worte standen. In einem Prozeß gegen einen M. Primus, ehemaligen Statthalter von Macedonia, war zudem erklärt worden, Augustus selbst und sogar Marcellus hätten diesem Prokonsul, also einem unabhängigen Imperiumsträger, Weisungen erteilt. Auch Personen, die in diesen Prozeß verwickelt waren, hatten sich der Verschwörung angeschlossen. Sie wurde entdeckt, die Beteiligten durch ein Gericht schnellstens zum Tode verurteilt, die Geflohenen wurden aufgespürt und hingerichtet. Anstelle Varro Murenas wurde ein Calpurnius Piso als Konsul neben Augustus gewählt. Er hatte sich nach der Ermordung Caesars der republikanischen Seite angeschlossen und sich nach deren Niederlage vom staatlichen Leben fern gehalten. Daß er nun neben Augustus den Konsulat führte, war ohne Zweifel ein Erfolg für den Princeps, weil dieser so einen Vertreter des republikanisch gesinnten Teils des Senats sich verpflichten und seine eigene Offenheit gegenüber allen politischen Richtungen demonstrieren konnte.

Die psychische Anspannung für Augustus war ungeheuer. Denn in der kunstvollen und komplizierten neuen Ordnung fanden noch nicht alle ihren richtigen Weg; auch er selbst hatte noch zu lernen. Es wäre nicht erstaunlich, wenn diese Anspannung zu seiner lebensgefährlichen Erkrankung im späten Frühjahr 23 geführt hätte. Er mußte ernstlich daran denken, wie das von ihm Erreichte weitergeführt werden konnte, falls er starb. Vom Krankenbett aus übergab er seinen Siegelring an Agrippa; ein Verzeichnis über die Truppen in seinen Provinzen sowie über die staatlichen Finanzen händigte er jedoch seinem Mitkonsul Piso, also dem höchsten ordentlichen magistratischen Amtsinhaber aus. Es war eine ingeniös ausbalancierte Demonstration. ‚Partei' und Staat waren beide beauftragt, seine Leistung weiterzuführen. Ein ‚Nachfolger', wie viele befürchtet hatten, wurde von ihm nicht benannt. Das war auch nicht möglich, wenn Augustus nicht alles zerstören wollte, was er eben begonnen hatte. Zudem waren die richtigen Instrumente noch nicht entwickelt.

Welche Folgen diese Aufteilung der politischen Verantwortung in der Realität nach sich gezogen hätte, konnte und mußte man nicht erfahren. Augustus wurde gesund. Doch er selbst zog Konsequenzen – gegenüber seinen Anhängern und gegenüber anderen führenden Senatoren. Er trat von seinem Dauerkonsulat zurück; erst nach sehr langer Zeit, in den Jahren 5 und 2 v. Chr., ließ er sich nochmals zum Konsul wählen, jeweils, um einen seiner beiden Adoptivsöhne in die Bürgergemeinde einzuführen.

Mit der Abgabe des Konsulats verlor Augustus die unmittelbare rechtliche Zuständigkeit für die Leitung des politischen Lebens in Rom selbst; an seiner Stellung in den Provinzen änderte sich nichts Grundsätzliches, da die Amtsgewalt, die er dort bisher als Konsul ausgeübt hatte, nunmehr unmittelbar zu der eines Prokonsuls wurde; ein im Jahre 15 v. Chr. von ihm erlassenes Edikt (aus El Bierzo in Spanien) zeigt dies mit aller Klarheit. Das war die logisch-rechtliche Folge der ihm 27 v. Chr. übertragenen Leitung der Provinzen auf zehn Jahre; erst viereinhalb Jahre waren davon abgelaufen. Diese prokonsulare Amtsgewalt erstreckte sich jedoch nur auf die ihm zugewiesenen Provinzen, nicht auf diejenigen, in denen andere Prokonsuln amtierten, die ihr Amt unabhängig von ihm durch Losung im Senat erhielten. Die konsulare Amtsgewalt hatte es aber offensichtlich bisher Augustus erlaubt, auch dort ordnend einzugreifen, falls es nötig gewesen wäre. Ein Dokument aus Kyme in der Provinz Asia zeigt dies deutlich.

Ein solch umfassender Verlust an rechtlicher Eingriffsmöglichkeit in das politische Leben aller Provinzen wäre schwer erträglich gewesen. Man fand einen Ausweg. Augustus' Amtsgewalt, sein *imperium*, erhielt eine besondere Qualität, falls es zu einem Konflikt mit einem Prokonsul kommen sollte. Ob es damals schon als ein den anderen Prokonsuln überlegenes *imperium* (*imperium maius*) definiert wurde, wie es mit Sicherheit unter seinem Nachfolger Tiberius geschah, ist bis heute umstritten. Jedenfalls erlaubte es diese Regelung, daß er je nach Bedarf regulierend eingreifen konnte. Zusätzlich beschloß man, daß seine Amtsgewalt nicht erlosch, falls er die geheiligte Stadtgrenze Roms zu überschreiten hatte. Dieses Recht wurde ihm ohne zeitliche Begrenzung übertragen, doch war es von der Verlängerung seiner Amtsgewalt als Prokonsul abhängig. Jeder andere Prokonsul, der aus der Provinz nach Rom zurückkehrte und das Pomerium überschritt, verlor dagegen, wie es republikanischem Recht entsprach, seine magistratische Befugnis. Augustus wurde auch hier über die normale Ordnung gestellt.

In Rom selbst konnte Augustus auf Grund seines *imperium* als Prokonsul nicht handeln. Insbesondere Senat und Volksversammlung, die zur formalen Gestaltung von Politik so essentiell waren, konnte er damit nicht berufen. Auch hierfür wurde Ersatz geschaffen. Der Senat übertrug ihm die vollen Rechte eines Volkstribunen (die *tribunicia potestas*), nicht das Amt selbst. Außerdem wurde eigens beschlossen, daß er jederzeit, auch außerhalb der üblichen Ordnung, den Senat berufen konnte. So wurde ein ganzes Bündel von Amtsgewalten und Sonderrechten für ihn kreiert, die ihm politisches Handeln auf legaler Grundlage erlaubten. Vor allem die *tribunicia potestas*, die einen Schutzauftrag für die gesamte Plebs propagierte, wurde zum Signum der neuen Herrschaftsform. Sie wurde nach Jahren gezählt, so daß sie wie eine Zählung nach Herrscherjahren wirkte. Augustus nahm sie auch in seine Titulatur auf, während sein *imperium* als Prokonsul dort üblicherweise nicht eigens erwähnt wurde. Nur im Edikt von El Bierzo in Spanien, das Augustus selbst erlassen hatte, erscheint auch *proconsul* in seiner Titulatur.

Für alle, deren Blick sich vornehmlich nach rückwärts – in die Zeit der Republik – richtete, war die Neuregelung nicht besonders befriedigend; doch das allen unmittelbar einleuchtende Argument, Augustus blockiere ununterbrochen ein Amt, war ihnen jetzt genommen. Die ‚Parteigänger' aber konnten sehr zufrieden sein, da jetzt Agrippa als der zweite Mann deutlich herausgestellt wurde. Auch er erhielt wohl Mitte des Jahres 23 ein *imperium* als Prokonsul, allerdings nur für den Osten. Außerdem war es auf fünf Jahre befristet; es endete somit vor dem zehnjährigen *imperium* des Augustus. Die Hierarchie in der Machtverteilung war klar ausgedrückt. Den eher republikanisch gesinnten Senatoren kam der Princeps dadurch entgegen, daß sowohl sein Nachfolger im Konsulat des Jahres 23 als auch die Konsuln von 22 aus ihrem ‚Lager' kamen. Das hatte bei ihnen zumindest teilweise eine pazifizierende und integrierende Wirkung. Unruhe gab es dagegen bei der stadtrömischen Plebs, die ihre Interessen nicht mehr voll gewahrt sah. Als es 22 zu einer Hungersnot in Rom kam – böse Zungen sprachen von einer Steuerung durch Augustus –, wollte ihn das Volk zwingen, die Diktatur zu übernehmen. In einer theatralischen Geste zerriß er sein Gewand und wollte lieber von den Dolchen der ihn bedrohenden Menge durchbohrt werden, als die durch Antonius im Jahre 44 durch Gesetz abgeschaffte Diktatur übernehmen. Er erklärte sich aber bereit, für die Versorgung der Stadt Rom mit Lebensmitteln zu sorgen: Er übernahm die *cura annonae.* Auch hierin war ihm Pompeius vorausgegangen. Die Hungersnot war nach kurzer Zeit bewältigt. Auch die Censur, mit der eine Bestandsaufnahme der römischen Bürgerschaft und eine Neukonstituierung von Senat und Ritterschaft verbunden sein sollte, lehnte Augustus ab. Die an seiner Stelle gewählten Censoren versagten jedoch. Man konnte das als Zeichen verstehen, daß ohne Augustus solche öffentlichen Aufgaben nicht mehr zu schaffen waren. Je öfter das deutlich wurde, desto stärker wurde die Akzeptanz seiner öffentlichen Stellung.

Daß es ohne ihn nicht ging, zeigte sich gleich in den nächsten Jahren, als es über die Besetzung des Konsulats zu Streit bei den Wahlen kam. Augustus, der sich auf Sizilien und später in den östlichen Provinzen aufhielt, weigerte sich, selbst Konsul zu werden. Doch eine Beruhigung der chaotischen Situation in der Hauptstadt war nicht zu erreichen, nicht einmal durch Agrippa, der aus dem Osten zurückgesandt wurde. Augustus selbst war dort gebunden, weil es um eine wichtige Abmachung mit den Parthern ging. Das durfte er nicht gefährden. Erst im Herbst 19 kam er zurück. Auf Senatsbeschluß zogen ihm ein Teil der Prätoren und Volkstribunen zusammen mit führenden Senatoren entgegen – eine Ehre, die bisher einmalig war, wie er selbst wieder in den *res gestae* betonte. Ebenfalls auf Senatsbeschluß wurde ein Altar der Fortuna Redux, der Göttin, die über seine Rückkehr wachte, an der Via Appia bei der Porta Capena errichtet; auch diese ihm beschlossene Ehrung vergaß er nicht, in seinem Tatenbericht zu erwähnen. Jährlich sollte der Tag der Rückkehr durch ein Opfer und durch Spiele, Augustalia genannt, gefeiert werden. All das zeigt, wie schwierig die Lage in Rom geworden war und wie notwendig sein Eingreifen vielen erschien. Ganz ohne Grund geschahen solche Inszenierungen der Dankbarkeit unter den Bedingungen des frühen Prinzipats nicht.

Welche genauen rechtlichen Folgen sich aus der Krise ergaben, ist in der Forschung umstritten. Sicher ist, daß Augustus Rechte erhielt, die mit dem Konsulat und seinen politischen Möglichkeiten verbunden waren. Da er in seinen *res gestae* davon spricht, er habe zweimal, im Jahr 8 v. und im Jahr 14 n.Chr. einen Census *consulari cum imperio*, mit der Amtsgewalt eines Konsuls, durchgeführt, ohne daß diese ihm jedoch eigens dazu verliehen wurde, muß er die Amtsgewalt eines Konsuls, das *imperium consulare*, damals besessen haben. Da es aber andererseits rechtslogisch nicht möglich ist, daß dieselbe Person zweimal die höchste umfassende Amtsgewalt, das *imperium*, in Händen hatte, muß das *imperium consulare* mit dem *imperium* als Prokonsul identisch gewesen sein. Das aber heißt zwingend, daß Augustus im Jahr 19 nicht etwa ein weiteres *imperium* erhielt; vielmehr wurde nun sein *imperium* als Prokonsul, das bisher nur in den Provinzen galt, räumlich auch auf Rom und Italien ausgedehnt. Dieses Recht war zeitlich nicht ausdrücklich begrenzt, war jedoch an die Verlängerung seines *imperium* als Prokonsul gebunden. Dadurch war es zeitlich dennoch eingeschränkt. Damit erhielt er auch das Recht, den Amtsstuhl, die *sella curulis*, und die zwölf Amtsdiener mit Rutenbündeln, die Liktoren mit den *fasces*, als äußeres Zeichen der höchsten republikanischen Magistratur in Rom zu benutzen. In seinen rechtlichen Möglichkeiten war Augustus damit den Konsuln gleichgestellt. Zumindest von Unruhen bei den Wahlen, die vornehmlich von den Konsuln geleitet wurden, ist in der Folgezeit nichts mehr zu hören.

Mit diesen neuen Kompetenzen war die rechtliche Ausgestaltung seiner politischen Position im wesentlichen zu einem Abschluß gekommen; auch die nachfolgenden Principes stützten sich auf diese rechtlichen Befugnisse. Doch die Phase der Orientierung war mit diesem Jahr noch nicht abgeschlossen, vor allem im Verhältnis zum Heer und den Möglichkeiten, die sich daraus für Senatoren ergaben. Vielleicht war es kein Zufall, daß gerade im Jahr 19 am 27. März zum letzten Mal ein Prokonsul, der in einer Provinz des römischen Volkes ein von Augustus unabhängiges Imperium besaß, einen Triumphzug in Rom veranstalten konnte: Cornelius Balbus, der als Prokonsul von Africa die Garamanten besiegt hatte. Seine Familie kam aus Gades (Cadiz), er war der erste Triumphator, der aus einer Provinz stammte – und auch der letzte überhaupt. Mit ihm schloß das Verzeichnis aller römischen Triumphatoren (*Fasti triumphales*) ab, das auf einem Triumphbogen für Augustus auf dem Forum Romanum eingemeißelt wurde.

Die Siege römischer Feldherren endeten damit nicht. Keinem aber wurde mehr ein Triumphzug zuerkannt. Zum einen trug dazu bei, daß zumeist nur noch Legaten des Augustus die großen Heeresgruppen kommandierten; ihre Siege aber wurden Augustus zugeschrieben, unter dessen Kommando sie kämpften. Die Provinzen, in denen die Prokonsuln mit einem unabhängigem *imperium* amtierten, waren weniger von äußeren oder inneren Feinden bedroht. Zudem wurde Illyricum 11 v. Chr. Augustus zugewiesen und damit einem *legatus Augusti* als Statthalter unterstellt. Doch selbst die Prokonsuln von Africa, die von da an allein noch eine Legion befehligten, standen zumindest zeitweise unter dem Oberbefehl des Princeps. Als Cornelius Lentulus, Prokonsul von Africa um 6 n. Chr., dort über den Stamm der Gaetuler einen Sieg er-

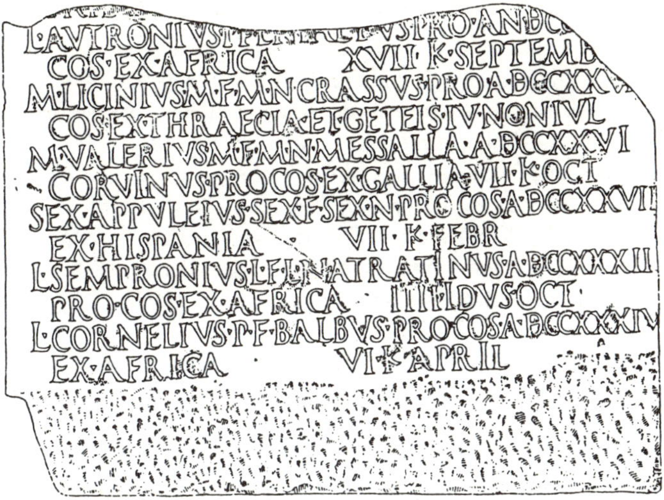

Abschluß des Verzeichnisses der römischen Triumphatoren vom Augustusbogen auf dem Forum Romanum. In den letzten beiden Zeilen ist der Triumph von L. Cornelius Balbus aus dem Jahre 19 v. Chr. erwähnt.

rang, war er Augustus untergeordnet; er selbst leitete nur die Kämpfe wie ein augusteischer Legat. Wichtiger aber war für die allgemeine Orientierung, daß Agrippa, der seit 23 ein eigenes, von Augustus unabhängiges *imperium* besaß, mehrere Male einen Triumphzug, den ihm der Senat wegen seiner Siege angeboten hatte, ablehnte. Den Erfolg übertrug er auf Augustus, dessen Imperatorenakklamationen bis 13 n. Chr. die Zahl 21 erreichten. Wenn ein Mann wie Agrippa, der an Machtfülle und Prestige dem Princeps so nahe kam wie niemand sonst, vor diesem zurücktrat und ihn dadurch als alleinige Quelle aller römischen Sieghaftigkeit erscheinen ließ, wer konnte dann noch Anspruch auf einen Triumph erheben? Auch als die Stiefsöhne des Augustus, Tiberius und Drusus, militärische Aufgaben in Germanien und in Illyricum siegreich beendeten, durften sie zunächst nicht siegreich in Rom als Triumphatoren einziehen, obwohl der Senat in diesem Sinn votiert hatte. Erst als nach mehr als einem Jahrzehnt für alle klar war, daß Princeps, Heer und Sieg eine Einheit bildeten, konnte Augustus Mitgliedern seiner eigenen Familie, aber auch nur diesen, einen Triumphzug zugestehen. Am 1. Januar 7 v. Chr., also 12 Jahre nach Cornelius Balbus, erlebte Rom wieder einen vollen Triumph: Tiberius, Augustus' Stiefsohn und Inhaber eines eigenen *imperium*, feierte seinen Sieg über Germanien. Alle anderen aber, die im Auftrag des Princeps mit seinen Truppen Kämpfe siegreich beendeten, mußten sich mit einem Surrogat begnügen, mit den Triumphalabzeichen, den *ornamenta triumphalia*. Doch man gewöhnte sich daran und war schließlich stolz, sie zu erhalten. Eine Bronzestatue des so Geehrten wurde auf dem neuen Forum des Augustus aufgestellt. Die richtige Ordnung wurde so bildlich sichtbar.

Republikanische Formen und Heraushebung der Sonderstellung des ersten Mannes waren beständiger Teil der Wirklichkeit. Im Jahre 18 lief Augustus' zehnjähriges *imperium* für seine Provinzen aus; es wurde um – nur – fünf Jahre verlängert. Die Begründung kennen wir nicht; aber es wurde vermutlich das Argument vorgetragen, ohne sein Engagement könne das Reich nicht leben. Gleichzeitig wurde auch Agrippas *imperium* erneuert, der zudem wie Augustus vom Jahre 18 an auch die Amtsgewalt eines Volkstribunen erhielt. Er führte auch im selben Jahr zusammen mit Augustus die schwierige und nicht ungefährliche Neukonstituierung des Senats durch. Es waren zwei, die sich kollegial die Sorge um Rom und seine Macht teilten, aber nur einer war Princeps. Als Iulia, Augustus' Tochter, ihrem Mann Agrippa einen zweiten Sohn, Lucius, gebar – ein erster Sohn, Gaius, war bereits im Jahre 20 zur Welt gekommen – adoptierte Augustus beide. Alle Welt verstand, was er damit sagen wollte, auch wenn nicht plump und direkt ausgesprochen wurde: In ihnen sehe ich meine Zukunft, meine ‚Nachfolger'. Daß es anders kommen würde, konnte damals niemand ahnen. Für den Augenblick war die Intention das Wichtige. Die Zukunft der Familie des Augustus, der *domus Augusta*, verband sich engstens mit der Zukunft des römischen Volkes. Kurz vor der Adoption hatte

Denar, ca. 12 v. Chr.: Vorderseite *Caesar Augustus*; Rückseite *M. Agrippa* aus John P. C. Kent/Bernhard Overbeck/ Armin Stylow: Die römische Münze, München (Hirmer) 1993, KO 132 V, Tafel 33, KO 132 R, Tafel 33.

Augustus auch für das römische Gemeinwesen ein aufsehenerregendes Zeichen gesetzt: Er ließ die Säkularspiele (*ludi saeculares*) begehen. Nach dem Glauben der Etrusker verlief auch das Leben eines Volkes in zyklischen Bahnen. Wenn niemand mehr, der den Beginn eines neuen Saeculums, eines ‚Jahrhunderts', erlebt hatte, am Leben war, begann ein neues. Dies war nach den Sprüchen der etruskischen Seher jetzt erfüllt; zudem erschien ein Komet, der als Wiederkehr des *sidus Iulium* den Beginn eines neuen Saeculums verkündete. Als Magister des Priesterkollegiums der ‚fünfzehn Männer' leitete Augustus zusammen mit Agrippa die Festfeier von Ende Mai bis Mitte Juni: Opfer, Circusspiele, Tierhetzen, Theateraufführungen wurden der Öffentlichkeit geboten. Das gesamte Volk sollte daran beteiligt sein. Selbst Frauen, die wegen eines Todesfalles in ihrer Familie zu trauern hatten und deswegen von öffentlichen Festen ausgeschlossen waren, durften teilnehmen. Die Erneuerung des Gemeinwesens sollte so für alle sichtbar gemacht werden. Die Götter, die im Mittelpunkt standen, waren Apollo, der besondere Schutzgott des Princeps, und seine Schwester Diana. An sie richtete sich auch das

Säkularlied, das *carmen saeculare,* das Horaz verfaßt hatte. Unter ihren Schutz wurde das römische Volk gestellt – und der Herr des Palatin, Augustus. Dieser ‚Neubeginn' Roms sollte nicht vergessen werden, sondern in der Erinnerung der Nachwelt weiterleben. Deshalb wurde in Rom auf einem bronzenen und einem marmornen Pfeiler ein Bericht über den Ablauf der Säkularspiele veröffentlicht. Große Teile des Marmorpfeilers sind noch heute im römischen Thermenmuseum zu sehen.

Manche haben diesen ‚Neubeginn' wohl auch mit Resignation betrachtet. Denn die Identifizierung Roms mit Augustus war weit fortgeschritten. Daran änderte auch nichts, daß die Bindungen an die Vergangenheit wieder verstärkt wurden: Seit dem Ende der 20er Jahre erhielten fast ausschließlich Mitglieder alter Nobilitätsfamilien den Konsulat. Auch wurde die Prägung neuer Münzen durch die senatorischen Münzmeister damals wiederaufgenommen. Freilich konnten sie auf den Münzen nicht mehr, wie zu Zeiten der Republik, ihre Familien präsentieren; vielmehr dominierten dort zunehmend Augustus und seine Erfolge. Es gab zwar noch Opposition gegen den Princeps; doch die nicht sehr zahlreichen Senatoren, die nicht mit ihm kooperieren wollten, zogen sich eher aus dem öffentlichen Leben zurück. Was sollte die eigene Rolle im politischen Leben sein, wenn Senat und Volk die beiden Adoptivsöhne des Princeps in ihrem 15. Lebensjahr zum Konsulat designierten? Fünf Jahre später sollten sie dann die *fasces* führen. Die blutsmäßige Verwandtschaft mit dem Machthaber trat an die Stelle von Verdienst und Leistung, wie schon bei Claudius Marcellus. Das führte notwendigerweise bei manchen zu tiefer Frustration.

Aber bei der großen Mehrheit der Römer, auch der politischen Führungsschicht, verblaßte in der täglichen Praxis das Ideal republikanischer Zeit mehr und mehr. Man paßte sich der Realität an und suchte innerhalb der neuen Verhältnisse seine eigenen Interessen zu wahren. Augustus konnte davon nur profitieren, zumal seine Zukunftspläne durch den unerwarteten Tod Agrippas (12 v. Chr.) und seiner beiden Adoptivsöhne Lucius (2 n. Chr.) und Gaius (4 n. Chr.) immer wieder gestört wurden. Doch daraus erwuchs keine Gefahr mehr für seine Stellung. Rechtlich veränderte sich an ihr seit 19 v. Chr. nichts mehr, außer daß er 12 v. Chr. auch den Oberpontifikat übernahm, nachdem der ehemalige Triumvir Lepidus, der „sich selbst überlebt hatte", gestorben war. Aus ganz Italien strömten die Menschenmassen nach Rom, um am 6. März an der Wahl in der Volksversammlung teilzunehmen; niemals zuvor waren so viele römische Bürger bei einem Wahlakt präsent, so Augustus' Selbstaussage in den *res gestae* (cap. 10). Damit war er auch offiziell als der höchste Vertreter Roms gegenüber den Göttern anerkannt. In einer für ihn nun schon typischen Manier charakterisierte er seine neue Stellung, indem er eine republikanische Tradition wiederbelebte. Er erneuerte das Opferpriestertum für Jupiter den Besten und Größten (*Iupiter Optimus Maximus*) und ernannte den ersten *flamen Dialis* – das war der Name dieses Priesters – seit 87 v. Chr., als der letzte Inhaber dieses Priesteramtes ermordet worden war. Auch für die personelle Auffüllung der Gruppe der vestalischen Jungfrauen konnte er jetzt sorgen, weil sie der Amtsgewalt des *pontifex maximus* unterstanden. Sie überwachten das heilige Herdfeuer, dessen immerwährende Flamme die Dauerhaftigkeit der *res publica* garantierte. Sie standen also für den Schutz Roms, wie auch Augustus selbst diesen Schutz gewährleistete. Symbolhaft führte der Princeps beide Sphären zusammen, indem er einen Teil seines Hauses auf dem Palatin zu einem öffentlichen Gebäude erklärte, in dem er, wie es der Tradition entsprach, als *pontifex maximus* wohnte und wo er auch ein Heiligtum für Vesta einrichten ließ. Livia, seine Gemahlin, hütete dort das heilige Herdfeuer. Solche Zeichen definierten immer wieder neu seine Stellung in der Öffentlichkeit, verstärkten die Vorstellung der Massen, daß er für Rom stünde. Seinen letztgültigen Ausdruck fand dieses öffentliche Gefühl, als er zum Vater des Vaterlandes, *pater patriae*, erklärt wurde. Wie wichtig ihm selbst dieser Akt war, zeigen die *res gestae*: Sie schließen mit dieser öffentlichen Ehrung. Senat, Ritterstand und das gesamte römische Volk drängten ihn, diese Auszeichnung anzunehmen. Schließlich akzeptierte er es, als der Senat am 5. Februar 2 v. Chr. auf Antrag des Marcus Valerius Messalla Corvinus, einst Konsul zusammen mit Octavian im Schicksalsjahr 31 v. Chr., im Einvernehmen mit den anderen gesellschaftlichen Gruppen darüber Beschluß faßte. Inschriften in der Eingangshalle seines Hauses auf dem Palatin, im Versammlungshaus des Senats auf dem Forum Romanum und unter dem Viergespann vor dem Tempel des Mars auf seinem eigenen Forum verkündeten diese universelle Anerkennung, ebenso seine Titulatur, die mit *pater patriae* ihre abschließende Form gefunden hatte. Die Benennung mußte ihm auch deshalb größte Befriedigung verschaffen, weil er annehmen durfte, er habe durch sein voraussehendes Bemühen, seine *providentia*, für die Zukunft Roms gesorgt – wie ein Vater für seine Familie. Seine zwei jungen Adoptivsöhne hatten damals bereits öffentliche Aufträge übernommen und konnten seine Stellung fortführen. So hoffte Augustus; doch es kam anders (→ Kap. 14).

9. Der Princeps und die römische Oberschicht

In den *res gestae* spielt der Senat eine herausragende Rolle. Schon im zweiten Satz wird er mit dem Faktum erwähnt, er habe den jungen Octavian mit ehrenvollen Beschlüssen unter seine Mitglieder aufgenommen. Plinius der Jüngere, Konsul im Jahre 100 n. Chr., hat Kaiser Traian „einen von uns" genannt. Das hätten die Senatoren des Jahres 43 v. Chr. auch von Octavian sagen können; viele hätten dabei freilich innere Vorbehalte gehabt, da sie dem Jüngling mißtrauten, der noch nichts geleistet und noch nicht einmal das notwendige Alter für einen Senatssitz erreicht hatte. Als die Senatoren 2 v. Chr. Augustus den Titel *pater patriae* verliehen, hätten auch sie ihn „einen von uns" nennen können. Denn Augustus war auch damals Mitglied des Senats. Da aber hätten manche vielleicht Scheu gehabt, ihn auf dieselbe Stufe mit sich selbst zu stellen.

Zu hoch stand er an Macht und *auctoritas* über jedem Senator. Augustus selbst aber hätte die Aussage akzeptiert, weil sie ausdrückte, was für römische Vorstellungen nötig war: Jeder, der im politischen Leben Roms mitwirken wollte, gehörte dem Senat an und wurde von ihm legitimiert. Daran änderte auch die neue politische Ordnung nichts. Der Aufstieg Octavians zur Macht, aber mehr noch seine Zeit als akzeptierter Princeps verlief in Auseinandersetzung und Konsens mit dem Senat. Und fast alle seine Gegen- und Mitspieler waren Senatoren. Insoweit ist eine Geschichte des Augustus stets auch eine Geschichte des Senats und der Senatoren in diesen Jahrzehnten.

Mit der Rückgabe der Ausnahmegewalten Octavians 28/27 v. Chr. war die Zuständigkeit des Senats rechtlich wieder im vollen Umfang hergestellt. Doch politisch war die Welt eine andere geworden. Augustus war zwar – nur – Konsul, und als solchem standen ihm keine anderen Kompetenzen zu als früheren Konsuln auch. Doch vor allem seine Befehlsgewalt über die meisten großen Provinzen, in denen Legionen lagen, gaben ihm auch im Tagesgeschäft mit dem Senat ein selbstverständliches, von allen Mitgliedern des Hohen Hauses realisiertes Übergewicht. Noch mehr wirkte sich jedoch aus, daß auch der Senat in seiner inneren Zusammensetzung nicht mehr der alte war. Viele der alten Familien waren während der Bürgerkriege ausgestorben, andere waren verarmt, so daß sie nur noch mit finanzieller Unterstützung durch Augustus überleben konnten. Das machte sie abhängig und nahm ihnen ihr eigenständiges Gewicht. Wichtiger war noch, daß schon Caesar, dann in größerem Maßstab die Triumvirn und schließlich Augustus selbst zahlreiche Anhänger neu in den Senat gebracht hatten, deren politische Herkunft sich wesentlich von jener der alten Familien unterschied. Sie kamen vornehmlich aus den Regionen Italiens, die in der Republik noch keine Rolle in Rom gespielt hatten; nicht wenige gehörten sogar zu den Stämmen, die sich erst zwei Generationen zuvor während des Bundesgenossenkrieges das volle römische Bürgerrecht erkämpft hatten: neue Senatoren etwa aus Samnium, aus dem

Paelignerland, aus Etrurien oder Umbrien. Auch die ersten führenden Personen aus den Gegenden nördlich des Apennin erreichten damals den Zutritt zur politischen Klasse Roms. Ihre Loyalitäten neigten dem zu, der ihnen die volle Partizipation in Rom selbst ermöglicht hatte: Das war zunächst Caesar gewesen und dann sein politischer Erbe Augustus. Claudius, der dritte Nachfolger des Augustus, konnte später vom ersten Princeps sagen, er habe die Elite aus allen Kolonien und Munizipien in den Senat aufgenommen, selbstverständlich angesehene und wohlsituierte Männer. Doch diese Aussage bezog sich nicht nur auf die Elite Italiens; Augustus griff vielmehr bei der Ergänzung des Senats bereits auf das Reservoir einiger Provinzen zurück, vor allem auf den Süden Galliens und Spaniens, wo römische Sprache und Zivilisation seit vielen Generationen die Bewohner geprägt hatten. Der letzte Senator, der in Rom einen Triumph feiern durfte, Cornelius Balbus, stammte aus dem andalusischen Gades (S. 58). Mit dieser augusteischen Politik war der Weg eröffnet, der schließlich bis zum Ende des 2. Jahrhunderts n. Chr. den Senat zu einer Versammlung von Repräsentanten fast aller Teile des Reiches werden ließ. Die Unterworfenen partizipierten jetzt mit gleichem Recht an der Herrschaft Roms. Das konnte in den Tagen des Augustus noch niemand voraussehen.

Die Wege zur Veränderung des Senats waren unter Augustus noch die republikanischen: Über die Censur konnte die Mitgliedschaft entzogen und durch die Wahl zum Quästor die Mitgliedschaft verliehen werden. Augustus hatte, jedenfalls nach der Wiederherstellung der traditionellen Ordnung, noch nicht die Möglichkeit, einzelne Personen direkt in eine der Rangklassen des Senats aufzunehmen, etwa unter die ehemaligen Quästoren oder Prätoren, und auf diesem Weg neue Senatoren zu schaffen; dies hätte zu sehr an das diktatorische Handeln Caesars erinnert. Doch auch mit überkommenen Methoden ließen sich die Ziele erreichen, die Augustus notwendig erschienen. Der Senat war personell aufgebläht, mehr als 1000 Personen gehörten ihm nach Actium an; das war weit entfernt von der Zahl von 600 Senatoren, die seit Sulla das Gremium bildeten. Die erste Verkleinerung 29/28 verlief noch recht moderat. Nur offensichtlich ‚unwürdige Elemente' mußten damals den Senat verlassen, d.h. Leute, deren Herkunft zu deutlich den allgemein akzeptierten Normen widersprach. Auch einige politische Gegner wurden entfernt, doch das war nicht der Hauptzweck der damaligen Senatssäuberung. Gegner mit einer großen Familienvergangenheit überlebten ohne Gefahr, wie etwa Calpurnius Piso (S. 53). Die eigentliche drastische Senatsverkleinerung wurde erst im Jahr 18 durchgeführt. Mehr als 300 Senatoren verloren ihren Sitz, die meisten unter Zwang. Zwar hatte Augustus versucht, manche zum Verzicht zu bewegen; doch nur wenige kamen dieser Aufforderung nach, obwohl ihnen senatorische Ehrenrechte verblieben. Als auch eine kompliziert organisierte Selbstauswahl durch die Standesgenossen nicht funktionierte, übernahm Augustus persönlich das undankbare Geschäft. Die Wut mancher ‚Verstoßener' erschien so groß und gefährlich, daß Augustus mit einem Panzer unter der Tunica im Senat auftrat. Immerhin gelang es ihm auf diese Weise, die Zahl der Senatoren auf 600 zurückzuführen; dabei ist es dann bis ins späte 3. Jahrhundert geblieben.

Eines der Kriterien, an denen die ‚Würdigkeit' eines Senators gemessen wurde, war die Höhe des Vermögens und damit des Einkommens. Zwar hatte ein Mindestcensus auch schon bisher bestanden; er betrug jedoch bis zur augusteischen Reform nur 400 000 Sesterzen und galt für Ritter und Senatoren gleichermaßen. Jetzt aber mußten Senatoren mindestens eine Million Sesterzen an Vermögen nachweisen, womit auch eine deutliche Barriere gegenüber dem *equester ordo* (Ritterstand) errichtet wurde. Der *ordo senatorius* (Senatorenstand) sollte in der römischen Gesellschaft ein deutlicheres und eigenes Profil erhalten. Damit verbunden war, daß nicht mehr jeder Römer, falls er nur über das nötige Vermögen verfügte und freigeboren war, sich um eine Magistratur bewerben und damit einen Sitz im Senat erreichen konnte. Voraussetzung war das Recht zum Tragen des breiten Purpurstreifens auf der Tunica, des senatorischen Standesabzeichens. Während Söhne von Senatoren dieses Recht seit Augustus besaßen, mußten andere Bewerber erst darum nachsuchen. Möglicherweise konnte schon Augustus dieses Recht verleihen – dann war dies für ihn eine elegante Lösung, über den Zugang neuer Familien in den Senat zu entscheiden.

Doch der eigentliche Eintritt in den Senat erfolgte immer noch über die Wahl durch das Volk; daran nahm freilich nur ein winziger Teil der wahlberechtigten Römer teil, aus praktischen Gründen, weil die meisten viel zu weit von Rom entfernt in Italien oder den Provinzen wohnten, mehr aber aus der Einsicht heraus, daß nur noch wenig Entscheidungsfreiheit für das Wahlvolk bestand. Unmittelbar nach 27 v. Chr. gab es teilweise noch heftige Wahlkämpfe unter verschiedenen Bewerbern, jedenfalls um den Konsulat, noch mehr unmittelbar nach Augustus' Rücktritt von seinem Dauerkonsulat im Jahr 23. Nach 19 v. Chr. aber ist kaum mehr etwas über solche Auseinandersetzungen bekannt. Das mag zum Teil durch unsere Überlieferung bedingt sein, eher aber machte sich das zunehmende Übergewicht des Princeps bemerkbar. Er konnte durch das Recht, die Meldung von Kandidaten für einzelne Ämter anzunehmen oder abzulehnen, den Ablauf von Wahlen steuern, ebenso durch das Recht, einzelne Kandidaten als seine eigenen zu benennen, die dann zwingend gewählt werden mußten. Für manche Magistraturen, vor allem die Quästur und den Volkstribunat, hat es nach einiger Zeit sogar einen spürbaren Mangel an Kandidaten gegeben – zu viele sahen, daß speziell das Amt des Volkstribunen jegliche Existenzberechtigung eingebüßt hatte, nachdem Augustus selbst jährlich die Amtsgewalt eines *tribunus plebis* ausübte. Deshalb wurden manchmal Ritter als Volkstribunen bestimmt, die nach Ablauf ihres Amtes nicht im Senat verbleiben mußten, wenn sie es nicht selbst wollten. Die Abhängigkeit des senatorischen Selbstgefühls von der dominierenden Gestalt des Princeps wurde hier deutlich sichtbar. Noch stärker wurde dies zeichenhaft erfahrbar, als nach dem Tod des Augustussohnes Gaius Caesar 5 n. Chr. durch ein eigenes Gesetz neue Wahlkörper eingerichtet wurden, die nur aus Senatoren und Rittern zusammengesetzt waren und aus den Kandidaten eine Vorauswahl trafen, der dann auch Folge zu leisten war. Die Wahlkörper waren nach den verstorbenen Söhnen des Augustus, Gaius und Lucius Caesar, benannt. In ihrem Namen wurden die Kandidaten vorgeschlagen: Deutlicher konnte es nicht gezeigt werden, wo die politischen Entscheidungen, auch über das Ergebnis der Wahlen, getroffen wurden.

Der Umbau des Senats durch neue Familien in den langen Jahrzehnten der augusteischen Herrschaft war tiefgreifend. Dies hieß jedoch keineswegs, daß die alten republikanischen Familien ihre besondere Stellung verloren. Vielmehr versuchte Augustus möglichst viele von ihnen dauerhaft für sich zu gewinnen, vor allem durch Eheverbindungen in seiner näheren oder weiteren Verwandtschaft. Quinctilius Varus, der während der ‚Schlacht im Teutoburger Wald' sein Ende fand, war ebenso in die augusteische Verwandtschaft eingebunden wie die Domitii Ahenobarbi, deren letzter Nachkomme Kaiser Nero war. Andere Familien wurden durch die Aufnahme in den Patriziat geehrt; das Recht dazu hatte ein Gesetz im Jahr 30 Octavian verliehen. Den alten und neuen Patriziern waren vornehmlich die staatlichen Priesterämter übertragen; der von ihnen rituell vollzogene Götterkult, den Augustus in vollem Umfang wiederhergestellt hatte, sollte nach der allgemein akzeptierten Meinung das Fortbestehen der *res publica* gewährleisten. Den so ausgezeichneten Familien erwuchs daraus ein erhöhtes Sozialprestige, gleichzeitig verstärkte sich so allerdings das Bewußtsein, daß ihre Stellung nicht auf eigenem Recht beruhte, sondern Augustus zu verdanken war. Die Abhängigkeit wurde stärker.

Ähnlich doppelgesichtig waren andere Maßnahmen gegenüber dem Senat. Frühzeitig hatte Augustus eine kleine Kommission vom Senat bestimmen lassen, der außer ihm und Agrippa die Konsuln, je ein Prätor, ein Volkstribun, ein Ädil, ein Quästor sowie weitere 15 Senatoren angehörten; nach sechs Monaten wurden die Mitglieder jeweils neu bestimmt. Mit dieser kleinen Gruppe besprach Augustus die wichtigsten politischen Angelegenheiten, bevor sie vor den Gesamtsenat gebracht wurden. Das vermittelte vielen der Mitglieder zweifellos das Gefühl eigener Bedeutung. Doch gerade der schnelle Wechsel mußte das Gewicht des Einzelnen gegenüber den beiden permanenten Mitgliedern Augustus und Agrippa beträchtlich vermindern. Zudem mußten solcherart vorberatene Sachfragen die Diskussionslust in den Vollversammlungen des Senats mindern, da die Mitglieder der Kommission, die auch Mitglieder des Senats waren, fast notwendigerweise die Meinung der Kommission, und das heißt im allgemeinen die Meinung von Augustus, vertraten. Auch die Vermehrung der jährlich gewählten Konsuln zeigte einen doppelgesichtigen Effekt. Seit 5 v. Chr. wurden mehr und mehr neben den beiden ordentlichen Konsuln, die am 1. Januar ihr Amt antraten, noch zwei weitere gewählt, die im Laufe des Jahres das Amt übernahmen, zumeist am 1. Juli. Damit wurde mehr Mitgliedern des Senats die Chance eröffnet, das höchste republikanische Amt zu übernehmen und das damit verbundene Prestige als Konsular im Senat und in der Öffentlichkeit zu demonstrieren. Doch die Vermehrung der Konsuln bedeutete auch eine erhebliche Verkürzung der Amtszeit und damit eine Aushöhlung der damit verbundenen Macht. Natürlich ahnte damals noch niemand, daß schon unter Caligula (37–41) und Claudius (41–54) zwei und drei Suffektkonsulnpaare amtieren würden mit einer Amtszeit von nur noch vier oder drei Monaten. Aber der Weg zur totalen inhaltlichen Entleerung des Konsulats war durch die augusteische Maßnahme eröffnet. Dabei ist keineswegs sicher, daß Augustus eine solche Entleerung durch die Verkürzung anstrebte; vielmehr kann die Vermehrung der Konsulate durch ein massives Drängen zahlreicher Senatoren veranlaßt worden sein. Denn solchen faktischen Kompetenzverlusten bei einzelnen Magistraturen oder auch im gesamten Senat stehen Maßnahmen gegenüber, die einen Machtzuwachs bedeuteten. Am auffälligsten ist die schleichend sich entwickelnde Tätigkeit des Senats als Gerichtshof für politisch gefährliche Verbrechen bzw. überhaupt in allen Strafsachen der Mitglieder des Senats selbst. 2 v. Chr. entfesselte Augustus' Tochter Iulia einen politischen Skandal, in den mehrere jüngere Senatoren aus einflußreichsten Familien verwickelt waren. Man hat offensichtlich die für uns nicht mehr völlig durchschaubare Geschichte als eine ‚Verschwörung' gegen Augustus darstellen können, wobei Sex und Politik untrennbar miteinander verbunden waren. Für den Princeps war dies – von allen politischen Gefahren einmal abgesehen – besonders peinlich, weil er durch seine Gesetzgebung Ehebruch, *adulterium*, unter besonders hohe Strafe gestellt hatte. Seine eigene Tochter desavouierte mit ihrem provokativen Verhalten seine Politik vor aller Öffentlichkeit. Obwohl Augustus die Tochter im Rahmen eines Familiengerichts hätte verurteilen können, brachte er den Skandal vor den Senat und ließ diesen entscheiden – natürlich nach seinen Vorstellungen. Auch die ‚Mitverschworenen' wurden vom Senat verurteilt. Diese und andere Verbrechen, die vor normalen gerichtlichen Instanzen hätten abgeurteilt werden können, schufen die Rechtsprechungsbefugnis des Senats, ohne daß es dazu einer eigenen gesetzlichen Regelung bedurft hätte. Die Folge war jedenfalls eine wesentliche Ausweitung der Zuständigkeit des Senats. Schon unter Augustus' Nachfolger Tiberius war freilich erkennbar, daß damit der Konflikt zwischen Strafgerichtsbarkeit und Politik das Leben der Senatoren ständig begleitete. Denn der Senat blieb, bei allem Machtverlust und aller Abhängigkeit vom Princeps, stets ein politisches Gremium; eine unabhängige Strafjustiz durch den Senat war damit ausgeschlossen.

Bei allen Regelungen, die Augustus gegenüber dem Senat traf, ging es ihm vermutlich stets auch um die Frage, wie er seine eigene Stellung sichern, seine Macht und die seiner Familie dauerhaft verankern könne. Dieses Ziel wollte er aber sicher nicht vornehmlich durch eine Schwächung des Senats und der senatorischen Amtsträger erreichen; es mußte ihm nur gelingen, daß die wirkliche Entscheidungskompetenz tatsächlich in seiner Hand blieb, durch rechtliche Festlegungen oder durch die Macht der faktischen Organisation der Herrschaft. Es ist aber bezeichnend, daß Augustus alle machtvollen Positionen in Rom selbst, aber noch mehr in den Provinzen, in den Händen von Senatoren beließ. Alle Statthalter, denen

Legionen unterstellt waren, kamen aus dem Senat – die einzige Ausnahme war der Präfekt von Ägypten, der zunächst drei, später nur noch zwei Legionen kommandierte. Doch diese Regelung war in einer politisch noch ungeklärten Situation 30 v. Chr. getroffen worden. Dieses Modell fand unter Augustus keine wirkliche Nachfolge. Denn die anderen ritterlichen Präfekten, die wir in einigen Regionen antreffen, beispielsweise in Asturien im Norden Spaniens, in Mösien an der unteren Donau oder in Iudaea, waren keine unabhängigen Provinzgouverneure; sie verwalteten vielmehr kleinere Territorien unter dem Oberkommando senatorischer Statthalter. So war der Präfekt von Iudaea dem konsularen Legaten von Syrien unterstellt, ebenso der Präfekt von Asturien dem Statthalter von Hispania Tarraconensis. In ihnen kann man also keine Einschränkung der militärischen Allzuständigkeit der senatorischen Statthalter sehen. Ebenso wurden die einzelnen Legionen in den Provinzen von jüngeren Senatoren kommandiert. Diese traditionelle Ausübung staatlicher und militärischer Befehlsgewalt ausschließlich durch Personen mit senatorischem Rang war für Augustus so naturgegeben, daß er gar nicht daran dachte, hier revolutionär einzugreifen. Zudem waren fast alle seine wichtigen politisch-militärischen Mitkämpfer ebenfalls senatorischen Ranges; eine radikale Änderung hätte vornehmlich sie betroffen und war schon deshalb undenkbar.

Innerhalb der Senatorenschaft waren somit unter Augustus fast alle Personen versammelt, die in Politik, Heer und staatlicher Administration Machtpositionen einnahmen und Verantwortung übernahmen, nicht anders als in der Republik. Damit wären alle Voraussetzungen gegeben gewesen, um auch dem Senat als Gremium ein entscheidendes Gewicht zu bewahren. Doch das Gegenteil trat ein. Der Senat wirkte nicht mehr als Initiativorgan, aus seinen Reihen kamen nicht länger Impulse zur Gestaltung der Politik, jedenfalls nicht mehr nach den späten 20er Jahren v. Chr. Grund dafür war, daß die Konkurrenz um politische Führung unter den Senatoren weitgehend erstorben war. Auf der öffentlichen Bühne stritten keine rivalisierenden Führer mehr um den Anspruch, ihre Vorstellungen durchzusetzen. Augustus war als einziges Zentrum übriggeblieben und alle orientierten sich an ihm. Im Jahrzehnt nach Actium kannten zwar noch manche der älteren Senatoren den lebendigen Senat der späten Jahre der Republik. Sie kannten aber auch die Folgen des Streites, der zu den Exzessen der Bürgerkriege geführt hatte. Die meisten von ihnen waren müde und wünschten jedenfalls keine Fortführung des Kampfes. Je mehr die Zeit fortschritt, desto weniger Überlebende saßen im Senat; bald hatte die Mehrheit der Senatoren nur noch die konkrete Erfahrung einer *res publica* mit einem Princeps. Er war das Zentrum, auch für die Senatoren. In einem Senatsbeschluß aus dem Jahr 20 n. Chr., also nur sechs Jahre nach Augustus' Tod, bezeichnet der Senat ganz selbstverständlich Tiberius als *princeps noster*, als unseren Princeps, auch der Senatoren. Und schon in der Spätzeit des Augustus hätte kaum einer der Senatoren dem widersprochen.

10. Die praktische Umsetzung der politischen Macht: Die Verwaltung des Gesamtreiches

Die politische Ordnung, die 27 gefunden und dann fortentwickelt wurde, bestimmte auch die Gestaltung der staatlichen Verwaltung des Weltreiches. Die Berufung auf die republikanische Vergangenheit und das Bemühen, keinen revolutionären Bruch erkennen zu lassen, ließen einen radikalen Wandel gegenüber den traditionellen Formen nicht zu. Vor allem aber bestand für Augustus und seine Zeitgenossen gar nicht der Druck, fundamentale Veränderungen herbeizuführen. Insoweit konnte er auch nicht frühzeitig eine Gesamtkonzeption mit weitreichenden organisatorischen Folgen entwickeln, obwohl ihm eine solche von der modernen Geschichtsschreibung nicht selten zugeschrieben wurde. Zwar waren am Ende seiner Herrschaft nach mehr als 40 Jahren viele Neuerungen durchgeführt worden, doch wurden sie nur sehr langsam entwickelt und ergaben sich häufig aus Situationen, in denen klar wurde, daß die alten Formen allein nicht mehr genügten. Der politischen Revolution folgte keine ähnlich schnelle und weitgehende Veränderung in der staatlichen Administration.

Am deutlichsten zeigte sich die relative Konstanz in Rom, und zwar deswegen, weil am Ende dennoch vieles verändert war. Die schiere Größe der Stadt und die Masse der Bevölkerung – mit Sicherheit weit mehr als eine halbe Million Menschen – hatten zwar deutlich Defizite in der staatlichen Organisation bei der Bewältigung der täglichen Probleme gezeigt. Es mangelte vor allem am Schutz vor Kriminellen, vor den sich ständig wiederholenden Feuersbrünsten und den verheerenden Tiberüberschwemmungen. Noch schlimmer wirkte sich aus, daß die Lebensmittelversorgung der Weltstadt nicht dauerhaft organisiert war. Zwar hatte Pompeius gezeigt, wie eine effektive Zufuhr der notwendigen Nahrungsmittel, vor allem des Getreides, aufgebaut werden konnte. Aber dieses Modell ging mit seinem Organisator unter. Auch die Hungerrevolten während der Triumviratszeit führten zu keiner Neuregelung durch Octavian. Selbst als die stadtrömische Plebs 22. v. Chr. wegen einer katastrophalen Getreideknappheit Augustus zur Übernahme der Sorge um die Lebensmittelversorgung (*cura annonae*) zwang, hatte dies, soweit wir sehen können, keine neue Organisationsform zur Folge. Augustus scheint nur mit ad-hoc-Maßnahmen und dem Einsatz seiner eigenen finanziellen Mittel den unmittelbaren Mangel beseitigt zu haben. Außerdem wurden für die Verteilung des kostenlosen Getreides neue senatorische Funktionsträger eingesetzt. Doch mit dem überlokalen Nachschub hatten sie nichts zu tun. Gerade da aber lag das entscheidende Problem. Erst mehr als 30 Jahre später, als eine langdauernde Hungersnot in Rom sogar massive Fremdenausweisungen zur Folge hatte und das politische Leben fast lahmgelegt wurde, entschloß sich Augustus (frühestens im Jahre 8 n. Chr.), einen ständigen Stellvertreter für die Lebensmittelversorgung, einen *praefectus annonae*, einzusetzen, der nicht senatorischen, sondern nur ritterlichen Rang hatte. Dieser organisierte aber nur die Getreideversorgung Roms aus den Provinzen, mit der Verteilung des Getreides innerhalb der Stadt war er nicht befaßt. Welche Macht dieser Präfekt später einmal in Händen haben würde, war damals noch nicht zu erkennen.

Ähnlich lange dauerte es auch, bis Augustus einen ständigen besseren Schutz gegen die regelmäßig ausbrechenden großen oder kleinen Brände geschaffen hatte. Er experimentierte seit etwa 21 v. Chr. mit einer rund 600 Mann starken Sklavengruppe. Die Idee dazu hatte nicht er selbst gefunden, sondern der ehrgeizige Egnatius Rufus während seines Ädilenamtes. Augustus unterstellte die für die Weltstadt Rom nicht gerade riesige Sklavenschar zunächst den Ädilen, dann den *vico-magistri*, den vier Vertretern jedes einzelnen Bezirks in Rom. Erst als diese halbe Maßnahme völlig wirkungslos blieb, organisierte er sieben Abteilungen von je 500 (oder 1000) Feuerwehrleuten; je eine dieser Kohorten sollte je zwei der 14 Großregionen Roms schützen. Auch zum Kommandeur der stadtrömischen Feuerwehr wurde ein ritterlicher Präfekt bestellt, nicht um dem Senat oder senatorischen Amtsträgern eine Kompetenz zu nehmen; vielmehr wäre eine solche Tätigkeit mit dem senatorischen Standesbewußtsein nicht vereinbar gewesen. Diese Regelung blieb seit 6 n. Chr. für mehrere Jahrhunderte bestehen.

Ähnlich schrittweise entwickelten sich weitere Amtsbereiche in Rom. Als Agrippa 12 v. Chr. starb, ließ Augustus durch Senatsbeschluß drei Senatoren bestimmen, die die Wasserversorgung zu leiten hatten. Bis zu diesem Zeitpunkt hatte Agrippa diese als Privatmann und auch aus seinen eigenen Mitteln organisiert. Erst jetzt bestand die Notwendigkeit, dafür ein ständiges Amt zu schaffen, um Kontinuität zu gewährleisten. Auch für die Instandhaltung der öffentlichen Bauten und der staatlichen Tempel sowie für die Entscheidung, welcher Grund und Boden in Rom öffentlich sei, wurde ein Kollegium von fünf Senatoren bestimmt, die damals *curatores locorum publicorum iudicandorum* genannt wurden. Sie traten erst recht spät in der augusteischen Zeit in Aktion, und sie sind nicht als Baubehörde zu betrachten. Mit der städtebaulichen Revolution in Rom unter Augustus (S. 99ff.) haben sie nichts zu tun. Ebenfalls erst am Ende der Herrschaft von Augustus wurde ein Stadtpräfekt als dauernder Amtsträger eingesetzt, der vor allem die öffentliche Sicherheit und eine schnelle Justiz gegenüber der großen Masse der einfachen Bevölkerung gewährleisten sollte. Dazu standen ihm drei städtische Kohorten mit je 500 Mann zur Verfügung. Erst in tiberischer Zeit haben sodann die Prätorianersoldaten, nach ihrer Kasernierung auf dem esquilinischen Hügel, ebenfalls für die öffentliche Sicherheit in Rom eingesetzt werden können. Unter Augustus waren sie in Rom kaum wahrzunehmen, da sie außerhalb des Zentrums in italischen Landstädten stationiert waren.

Italien selbst blieb fast unberührt von administrativen Reformen. Die rund 400 Städte des Kernlandes waren selbst für alle Probleme ihrer Bürger zuständig. Das Zentrum und der Princeps griffen dort üblicherweise nicht ein. Zwar schuf Augustus die 11 italischen Regionen, von Lucania-Apulia im Süden bis Venetia et Histria im Norden. Doch sie scheinen keine permanente administrative Rolle gespielt zu haben. Lediglich bei der Erfassung des staatlichen Grundbesitzes und beim Bürgercensus bildeten sie, nach unserem Wissen, die organisatorische Basis; die Censuslisten waren zum Beispiel nach den einzelnen Regionen geordnet. Permanente Amtsträger aber waren mit den Regionen nicht verbunden. Wozu hätten sie auch dienen können? Eine solche Institution wäre zudem unrepublikanisch gewesen, da diese Amtsträger den traditionellen Magistraten, insbesondere den Prätoren, Aufgaben hätten entziehen müssen. Lediglich für einen Bereich sah Augustus aus Gründen des politisch-militärischen Machterhalts Handlungsbedarf. Um im Imperium schnell und effektiv handeln zu können, mußte er über alles informiert sein. Dafür waren gute Straßenverbindungen auch in Italien eine zwingende Voraussetzung. So kümmerte er sich schon bald nach der Festigung seiner Herrschaft um die Reparatur und den weiteren Ausbau des Straßennetzes – freilich zunächst noch in der Manier der Republik durch Einzelmaßnahmen, die er selbst initiierte;

aber er forderte auch andere senatorische Führungsfiguren auf, ihre Beutegelder aus siegreichen Feldzügen in den Ausbau der italischen Überlandrouten zu investieren. Das wurde ein Fehlschlag. So übernahm Augustus selbst 20 v. Chr. die „Sorge um die Straßen", die *cura viarum*, wozu auch gehörte, daß er sich weit mehr als zuvor finanziell engagierte. Er tat es, indem er zum Zweck des Straßenausbaus Gelder in die Staatskasse, das *aerarium Saturni*, einzahlte. 16 v. Chr. wurde dieses öffentliche Engagement sogar auf Münzen verkündet. Da er aber nun die Dauerhaftigkeit des Straßenbaus sichern wollte, ließ er durch Senatsbeschluß ein Kollegium von mehreren senatorischen *curatores viarum*, Beauftragten für die Straßen, einsetzen, die gemeinsam für das Funktionieren, vor allem die anfallenden Reparaturarbeiten, verantwortlich waren. Freilich bildeten auch sie keine Behörde; vielmehr hatten sie in Zusammenarbeit mit den italischen Gemeinden und mit Straßenbauunternehmern die regelmäßige Instandhaltung zu organisieren. Augustus schuf so die Infrastruktur, um alle Teile Italiens, vor allem aber die Provinzen schnell zu erreichen, Nachrichten dorthin zu senden und von dort zu empfangen. Darüber hinaus aber errichtete er auch ein System von Relaisstationen, an denen Pferde und Wagen von Nachrichtenboten, aber auch von sonstigen reisenden staatlichen Amtsträgern gewechselt werden konnten; auch Übernachtungsmöglichkeiten waren mit diesen Straßenstationen verbunden. In Italien wurde dieses System von einem militärisch erfahrenen Mann organisiert und geleitet, dessen Titel *praefectus vehiculorum*, der Beauftragte für die Wagen, sehr sprechend ist. Die Zugtiere freilich wie auch die Wagen selbst wurden nicht vom ‚Staat' bereitgestellt, sondern die Magistrate der einzelnen Städte hatten dafür zu sorgen, daß diese stets in ausreichender Zahl vorhanden waren. Die Benutzung war auch nicht kostenlos, vielmehr hatten die Benutzer für Wagen und Zugtiere nach festgelegten Sätzen zu zahlen. Die Regelung barg allerdings von Anfang an den Keim zum Mißbrauch in sich. Denn wie sollten sich einfache Munizipalmagistrate dagegen wehren, wenn ein mächtiger Prokonsul, der mit seinem Gefolge auf dem Weg in eine Provinz war und die Pferde und Wagen dieses ‚öffentlichen' Transportsystems benutzte, mehr Pferde forderte, als ihm nach den Reglements zustanden? Dennoch ist es wichtig zu sehen, daß in der augusteischen Ordnung solche Lasten nicht einfachhin den Bewohnern Italiens oder auch der Provinzen, in denen man ebenfalls dieses System einrichtete, aufgebürdet wurden. Augustus hatte ein Gespür dafür, was nach den Exzessen der Bürgerkriege Italikern oder Provinzialen zugemutet werden konnte. Die ‚Sorge' um Italien und die Provinzen war kein leeres Propagandawort.

Sie wirkte sich allerdings nicht – ebensowenig wie im Kernland des Reiches – im Aufbau einer flächendeckenden Verwaltung oder gar einer klar organisierten staatlichen Bürokratie aus. Das alte System der Statthalter mit ihrer umfassenden Amtsgewalt gegenüber den Bewohnern der Untertanengebiete, wie es die Republik gekannt hatte, blieb im Grundsatz erhalten; die Änderungen, die durch Augustus veranlaßt wurden, waren weit eher politischer als administrativer Natur. In die Provinzen des römischen Volkes wurden durch Los bestimmte Prokonsuln gesandt, deren Amtszeit ein Jahr betrug; doch konnte ihr Auftrag, falls nötig, verlängert werden, was gelegentlich geschah. Die Zahl dieser Provinzen schwankte zunächst; erst spät in Augustus' Regierungszeit, im ersten Jahrzehnt n. Chr., wurde die von da an kanonische Zahl von zehn prokonsularen Verwaltungsregionen erreicht. Alle diese Statthalter waren rechtlich unabhängig von Augustus; auch die selbständige militärische Amtsgewalt wurde ihnen nicht entzogen, obwohl dies manchmal in der modernen Forschung behauptet wurde. Sie konnte nur faktisch kaum mehr recht wirksam werden, weil nur noch in Africa eine Legion stationiert war; einige wenige Hilfstruppeneinheiten unterstanden freilich auch weiterhin dem Kommando der Prokonsuln.

In allen anderen Provinzen war seit 27 v. Chr. rechtlich Augustus Statthalter, seit 23 auf Grund seines Imperiums als Prokonsul. Da er notwendigerweise nicht alle ihm zugewiesenen Provinzen selbst leiten konnte – ihre Zahl stieg von fünf im Jahr 27 auf ca. 13 gegen Ende der augusteischen Zeit – mußten Stellvertreter für ihn die Geschäfte führen, sogenannte *legati Augusti pro praetore*, Stellvertreter des Augustus im Rang eines Prätors. Die rechtliche und politische Hierarchie drückte sich darin klar aus. Denn die Legaten bezeichneten sich nach dem Namen ihres Auftraggebers Augustus und sie kennzeichneten durch den Zusatz *pro praetore* gleichzeitig ihren untergeordneten Rang gegenüber dessen prokonsularem Imperium. Augustus allein entschied, wer ihn in welcher Provinz vertreten sollte; auch die Zeitdauer hing von ihm ab. Üblicherweise blieben die *legati* länger in den Provinzen als die Prokonsuln; doch ist nicht zu sagen, ob sich bereits in dieser frühen Zeit die später erkennbare durchschnittliche Länge von etwa drei Jahren für eine Statthalterschaft in einer der Provinzen des Augustus herausgebildet hatte. Viele Konstanten, die später dazu führten, waren noch nicht vorhanden.

Inhaltlich unterschied sich die Amtsgewalt der Legaten nicht von jener der Prokonsuln, ausgenommen die Steuererhebung. Denn dem Prokonsul und seinem Quästor verblieb die Verantwortung für die Erhebung der regelmäßig anfallenden Steuern, Grund- und Kopfsteuer, freilich unter Beteiligung privater Steuereinnehmer. Diese Kompetenz aber hatten offensichtlich von Anfang an die Legaten des Augustus nicht erhalten, möglicherweise deswegen, weil in ihre Provinzen auch keine Quästoren gesandt wurden. Die insgesamt 20 Quästoren, die entsprechend der seit Sulla gültigen Ordnung in jedem Jahr gewählt wurden, hätten für die erhöhte Zahl der Provinzen nicht ausgereicht; mehr zu wählen aber hätte dem ‚republikanischen' Erneuerungsprogramm widersprochen. So bestimmte Augustus in seinen Provinzen für die Kontrolle der Steuererhebung Prokuratoren, ‚Geschäftsführer' an seiner Stelle. Dieses Modell wurde aus dem privaten Wirtschaftsleben übernommen; folgerichtig waren diese Prokuratoren zunächst auch private Beauftragte des Augustus, die offiziell keine öffentliche Tätigkeit ausübten und nicht als Amtsträger betrachtet werden konnten. Sie waren vielmehr allein Augustus verantwortlich. Aus dieser abhängigen Stellung heraus ergibt sich ferner, daß nicht etwa Senatoren, die Mitglieder der eigentlichen politischen Klasse, als Prokuratoren eingesetzt werden durften, sondern Personen nicht-senatorischen Ranges, vor allem Ritter, in der Frühzeit manchmal auch Freigelassene des Augustus, wie etwa der berühmt-berüchtigte Licinus, der mit seinen ‚unkonventionellen' Methoden für Augustus in Gallien riesige Finanzreserven zusammenraffte. Da jedoch die Tätigkeit dieser Prokuratoren nach kurzer Zeit faktisch der von Magistraten sehr nahe kam, entpuppte sich der Freigelassenenstatus schnell als ein politisches Hindernis. Folglich vergab Augustus Prokuratorenaufgaben, jedenfalls auf der Ebene ganzer Provinzen, später nur noch an Römer ritterlichen und das heißt freigeborenen Standes. Das Personal, das diesen Prokuratoren zur Verfügung stand, rekrutierte sich freilich ausnahmslos aus Sklaven und Freigelassenen des Augustus.

Gerade in dieser Neuverteilung der Zuständigkeiten für den Steuereinzug hat man nicht selten einen der wesentlichen politischen Fortschritte der augusteischen Zeit gesehen. Die reine Ausbeutung der Provinzen durch die Steuerpächter, wie sie in der späten Republik üblich gewesen sei, hätte damit ein Ende gefunden. Damit verband sich die moderne Vorstellung eines direkten Einzugs der Steuern durch die neuen ‚staatlichen' Organe. Doch dies ist nicht der Fall gewesen. Weder der Quästor noch der Prokurator war in der Lage, in einer Provinz die Steuern direkt von den Zahlungspflichtigen zu erheben; dazu hätte es eines dichten Netzes von Büros mit einem umfangreichen Subalternpersonal bedurft. Beides wurde aber nicht geschaffen; es lag damals auch außerhalb der römischen Vorstellungen. Vielmehr wurden die Steuern zumeist auf der Ebene der Selbstverwaltungseinheiten, der Städte und Stämme, eingezogen, entweder von den Munizipalmagistraten oder von Steuerpächtern. Denn auf das System der Steuerpacht konnte auch Augustus nicht verzichten; es gab auch keinen Grund dafür. Es verschwand nur der politische Einfluß der Steuerpachtgesellschaften, die wegen ihrer Finanzmacht in der späten Republik viele Politiker beherrscht und damit auch viele Entscheidungen in den Provinzen zu ihren Gunsten beeinflußt hatten. Soweit sie noch weiterbestanden, hatten sie sich dem neuen politischen System einzufügen. Das bedeutete auch, den finanziellen Gewinn in den Provinzen so zu kalkulieren, daß sich die Provinzialen nicht zu häufig wegen massiver Ausbeutung nach Rom wandten. Denn dort stand ihnen mit Augustus ein politischer Patron zur Verfügung, dessen ‚Sorge' sich auf das gesamte Reich richtete, der aber kein Interesse daran hatte, wegen des finanziellen Gewinns einzelner Steuerpächter Unruhe in den Untertanengebieten zuzulassen. Gleiches gilt auch gegenüber den senatorischen Statthaltern und deren Ausbeutungsmöglichkeiten. Zwar konnte Augustus sie keineswegs schlicht als seine Untergebenen behandeln; aber im Konfliktfall mochten die Interessen einer Provinzstadt für Augustus wichtiger sein als die Standesloyalität gegenüber einem Senator. Diese politische Patronage durch Augustus, der mögliche Schutz vor Übergriffen, hat die entscheidende Veränderung im administrativen System des Reiches bewirkt.

11. Die Integration des Heeres

Die *res gestae* beginnen mit einem programmatischen Satz. Er habe, so sagt Augustus, im Alter von 19 Jahren aus eigenem Entschluß und mit eigenen finanziellen Mitteln ein Heer aufgestellt, um dem Gemeinwesen, das von der Tyrannei einer Clique unterdrückt gewesen sei, wieder die Freiheit zu verschaffen. Deutlicher hätte er es nicht erklären können, was Ausgangspunkt und Basis seiner Macht war und blieb: das Heer.

Die römische Republik wäre kaum untergegangen, wenn nicht das Heer zu einem Faktor der inneren Politik geworden wäre. Die staatliche Macht Roms war auf die Parteiführer verteilt und damit war auch das Heer Roms in Heere der einzelnen Parteiführer zerfallen. Erst wenn Rom und Parteiführer wieder zu einer Einheit wurden, konnten auch die Parteiheere wieder zu einem einzigen Heer Roms werden. Mit Actium war dies erreicht. Für Augustus aber kam es darauf an, eine dauerhafte Bindung zwischen sich und dem Heer zu schaffen, andernfalls hätte ein neuer Bürgerkrieg gedroht. Die Beendigung der Bürgerkriege aber legitimierte seine politische Dominanz. Eine Rückkehr zur republikanischen Form des immer wieder neu ausgehobenen Milizheeres wurde von Augustus sicher niemals erwogen. Er hätte sich damit seiner Machtbasis beraubt. Er ist deshalb der eigentliche Schöpfer des stehenden Heeres geworden. Er mußte nur die adäquate Größe finden, die für das Reich und seine Bewohner erträglich war, vor allem unter finanziellem Aspekt.

Zum Zeitpunkt der Schlacht von Actium standen wohl mehr als 60 Legionen unter dem Kommando der beiden Machthaber; hinzu kamen die Verbände der Hilfstruppen, die damals noch zumeist von abhängigen Stämmen oder Fürsten gestellt und bezahlt wurden. Für die römischen Legionare mußte der Sieger sorgen. Viele der langgedienten Soldaten erwarteten ihre ehrenvolle Entlassung. Octavian löste ganze Einheiten auf, um eine Truppenzahl zu erreichen, die notwendig, aber auch bezahlbar war. Auf welcher Basis diese Kalkulation durchgeführt wurde, wissen wir nicht. Vermutlich hat Agrippa die endgültigen Entscheidungen wesentlich beeinflußt. Am Ende wurden 26 Legionen beibehalten, deren Zahl wenige Jahre später um zwei Legionen auf 28 erhöht wurde, als das Königreich Galatien zur Provinz gemacht wurde. Bei dieser Zahl ist es dann unter Augustus geblieben. Frühzeitig erschienen aber neben den Legionen Hilfstruppen, die sogenannten Auxilien, Einheiten von je 500 Mann. Sie wurden zumeist aus den unterworfenen Völkern unmittelbar nach deren Niederlage rekrutiert, etwa den Asturern im Norden Spaniens, den Breukern in Pannonien oder den Rätern im Alpenvorland. Dadurch wurde deren Heereskraft geschwächt, Roms Potential vergrößert. Daneben aber spielten auch die regulären Kontingente verbündeter Stämme eine wichtige Rolle, etwa die der Bataver oder der Ubier. Ihre Einheiten stellten sie auf Grund ihres Bündnisvertrags; diese waren somit rechtlich kein Teil des römischen Heeres, wurden auch von einheimischen Adligen kommandiert und von ihren Stämmen bezahlt, allerdings in römischem Geld. Wenn sich, vor allem im Lager Beckinghausen an der Lippe aus der Zeit der römischen Offensive große Mengen batavischer oder ubischer Münzen finden, hat das also nichts mit Soldzahlungen zu tun. Daß die einheimischen Hilfstruppen für die konkreten militärischen Aufgaben dem jeweiligen römischen Heereskommandeur unterstellt waren, braucht nicht betont zu werden.

Der numerische Gesamtumfang des in den Provinzen stationierten Heeres läßt sich nicht exakt bestimmen. Die 28 Legionen hatten eine Sollstärke von etwa 170 000 Mann; die Zahl der Hilfstruppensoldaten ist für diese frühe Zeit nicht genau zu bestimmen; in Pannonien nahmen zwischen 6 und 9 n. Chr. jedoch mindestens 80 Einheiten an den Kämpfen gegen die Aufständischen teil. Selbst wenn ihre Stärke bereits damals der der Legionen vergleichbar gewesen wäre, hätte das Heer immer noch einen relativ bescheidenen Umfang gehabt, jedenfalls verglichen mit der Größe des Reiches. Trotzdem bürdete es dem Gemeinwesen eine ungeheure finanzielle Belastung auf. Zwar haben wir keine präzisen Zahlen der Einnahmen, die Rom aus Steuern, Zöllen und Tributen von abhängigen Fürsten erhielt. Doch ist es unbestritten, daß das Heer den größeren Teil der staatlichen Gelder verschlungen hat und Augustus nur mit Anspannung durch verschiedene Notmaßnahmen und Reformen die dauerhafte Finanzierung aller Belange des Heeres sichern konnte. Die niedrigste Besoldungsstufe für einen Legionar erforderte pro Jahr 900 Sesterzen. Selbst wenn das gesamte Heer nur aus einfachen Soldaten bestanden hätte, wären bereits mindestens 140 Millionen Sesterzen notwendig gewesen. Tatsächlich war der Aufwand weit höher, da die Reiter besser bezahlt wurden und die höheren Ränge der Centurionen, Tribunen sowie Legionslegaten im Vergleich zum einfachen Soldaten phantastische Summen erhielten. Dazu kamen die Aufwendungen für Ausrüstung, Lagerbau sowie die Flotten in Italien und den Provinzen. Auch die neun Kohorten der Prätorianer sowie die drei Stadtkohorten mit erhöhtem Sold sind einzuberechnen. Ferner erhielten mit fortschreitender Zeit immer mehr Auxilien ihre Bezahlung aus dem römischen Budget. Schließlich zahlte Augustus bei besonderen Gelegenheiten Prämien an alle Soldaten oder Teile der Armee. In seinem Testament legte er fest, jeder Prätorianer sollte 1000, jeder Soldat der städtischen Kohorten 500 und jeder Legionar 300 Sesterzen erhalten. Allein diese einmalige Zahlung belief sich auf über 50 Millionen Sesterzen. Die Summe kam aus seinem Privatvermögen, so wie er auch bei anderen Gelegenheiten hohe Beträge aus seiner eigenen Kasse für das Heer verwendet hat. So kaufte er mehrfach Land auf, das Veteranen zur Ansiedlung angewiesen wurde. 600 Millionen Sesterzen hat er dafür in Italien, 260 Millionen in den Provinzen ausgegeben. In den *res gestae* (cap. 16) betont er mit Nachdruck, niemand vor ihm habe dies getan. Er wollte sich damit von Sulla, aber auch von der eigenen früheren Praxis abheben, als zur Veteranenansiedlung in Italien römische Bürger, ohne jede Entschädigung, aus ihrer Heimat vertrieben wurden. Daß in den Provinzen auch Land der Unterworfenen konfisziert wurde, um damit Veteranen abzufinden, sagt Augustus nicht.

Es wäre jedoch irreführend anzunehmen, Augustus habe die laufenden Kosten für das Heer größtenteils aus seiner Privatkasse genommen. Selbst bei seinen gewaltigen privaten Einkünften wäre dies nicht möglich gewesen. Die ‚privaten' Ausgaben für die Ansiedlung in Italien und den Provinzen konnte er zu bestimmten Zeiten deswegen tragen, weil Kriegsbeute als seine private Vermögensmasse angesehen wurde. Für die regulären Zahlungen aber wurden die Steuern aller Provinzen, überhaupt die Staatseinnahmen herangezogen, die rechtlich und rechnerisch ohne Ausnahme in die Staatskasse, das *aerarium Saturni*, in Rom flossen, auch wenn sie in Augustus' eigenen Provinzen erhoben wurden. Ebenso sollten die Entlassungsgelder aus der Staatskasse genommen werden. Jeder einfache Legionar erhielt, wohl seit 5 n. Chr., am Ende seiner Dienstzeit 12000 Sesterzen, ein Prätorianer 20000. Obwohl wir nicht wissen, wie viele Soldaten aus Legionen und Prätorianerkohorten das Ende ihrer Dienstzeit und damit ihre Abfindung erreichten, dürften allein für diese Veteranen jährlich mindestens 50 Millionen Sesterzen, wahrscheinlich weit mehr erforderlich gewesen sein. Sobald Augustus die Veteranenversorgung von Landanweisungen auf Geldzahlungen umstellte, was seit 13 v. Chr. geschehen zu sein scheint, war er mit dem Liquiditätsproblem konfrontiert. Vor allem mußte den Soldaten, zumindest in den offiziellen Verlautbarungen, die Gewißheit vermittelt werden, daß ihre regelmäßige und termingemäße Abfindung gesichert war. Gerade um diese Frage war ja in der späten Republik häufig der politische Streit gegangen. Weil der Senat sich üblicherweise den notwendigen Regelungen verweigert hatte, waren die Veteranen und dann auch die aktiven Heere zum Instrument ihrer Feldherrn im politischen Kampf geworden. Augustus mußte vermeiden, daß sich solches wiederholte. Experimentierend hat er Lösungen gesucht; 7 und 6 sowie 4–2 v. Chr. wurden die Abfindungen aus seinem *patrimonium* bezahlt. Doch das war keine dauerhafte Lösung. Sie wurde erst 6 n. Chr. gefunden, als zusätzlich eine allgemeine Finanzkrise die Lage der Staatskasse erschwerte. Mit der damaligen Neuordnung hat Augustus auch erkennen lassen, daß seine Fürsorge sich nicht mehr ausschließlich auf die römischen Bürger richten durfte, sondern die Belastbarkeit der Untertanen berücksichtigen mußte. Diese trugen die gesamten Kosten für das stehende Heer; denn die römischen Bürger in Rom und Italien, aber auch in den römischen Kolonien, die Caesar und er selbst in den Provinzen gerade zur Versorgung der Veteranen sowie von besitzlosen Italikern angelegt hatten, bezahlten keine regelmäßigen Steuern. Sollten die Untertanen nunmehr auch für die Legionsveteranen, die ausnahmslos römische Bürger waren, die Altersversorgung tragen? Augustus entschied sich gegen eine solche Lösung und forderte die Senatoren, die als römische Bürger ebenfalls steuerfrei lebten, auf, über eine Finanzierung nachzudenken, die auch das Kernland des Reiches an den Lasten für die Sicherung des Friedens nach außen und innen beteiligte. Einen realistischen Vorschlag hatten seine Standesgenossen offenbar nicht anzubieten. So setzte Augustus seine Vorstellungen durch.

Es wurde eine Steuer von fünf Prozent auf alle Erbschaften und Vermächtnisse von römischen Bürgern erhoben, die sogenannte *vicesima hereditatium* (der zwanzigste Teil der Erbschaften). Dabei blieben kleine Erbschaften zwischen nahen Verwandten frei, größere Erbschaften aber und Vermächtnisse, die, jedenfalls in der sozio-politischen Führungsschicht, an zahlreiche Freunde und Abhängige gingen, wurden generell besteuert. Um die tief in die römische Besitzmentalität eingreifende Erbschaftssteuer als eine Maßnahme im Interesse des Heeres propagieren zu können, wurde eine eigene Kasse eingerichtet, das sogenannte *aerarium militare*, eine ‚Heereskasse'. Diese diente trotz ihres Namens nicht zur Finanzierung des stehenden, aktiven Heeres – dafür war traditionell die normale Staatskasse zuständig –, sondern ausschließlich der Veteranenversorgung. Die drei dafür bestellten Präfekten aus dem Senatorenstand waren zumindest faktisch von Augustus abhängig, der auch selbst gleich zu Beginn, um die Kasse funktionsfähig zu machen, 170 Millionen Sesterzen einbezahlte; er vergaß nicht, darauf in den *res gestae* (cap. 17) eigens hinzuweisen. Sonderbeiträge von anderen nahm er nicht an, auch dies ein Zeichen, daß es ihm ganz wesentlich um die politisch-propagandistische Wirkung gegenüber dem Heer ging.

Auch das Heer selbst mußte freilich seinen Beitrag zur Alterssicherung der Veteranen leisten. Nachdem Augustus für etwa zwei Jahrzehnte die Dienstzeit der Prätorianer auf 12, die der Legionare auf 16 Jahre fixiert und damit gegenüber früher verkürzt hatte, ließ er sie 5 n. Chr., als er bereits auf der Suche nach einer dauerhaften Lösung war, auf 16 bzw. 20 Jahre verlängern. Darüber hinaus wurden die Veteranen nach ihrer Entlassung aus dem regulären Heeresdienst noch für mehrere Jahre bei der Truppe gehalten, als eine Reserve für Notsituationen. Als Augustus 14 n. Chr. starb, kam es unter anderem deswegen zu bedrohlichen Meutereien von Truppenteilen am Niederrhein und in Dalmatien; eine der heftigsten Klagen lautete, man zwinge die Legionäre zu 30- oder 40-jährigem Heeresdienst und halte selbst die Veteranen noch in Sondereinheiten zurück. Daran war manches übertrieben;

aber der tiefsitzende Unwille hatte doch sehr konkrete Ursachen. Der Gesamtzusammenhang, gerade auch die Begrenztheit der finanziellen Mittel, war vermutlich den Soldaten nicht zu vermitteln gewesen. Auch sie leisteten – wie die Senatoren bei der Erbschaftssteuer – ihren Beitrag zur Gesamtfinanzierung des Heeres nur gezwungenermaßen.

Trotz aller Unvollkommenheiten hat Augustus dennoch versucht, den Wünschen der Soldaten nach Sicherung der finanziellen Versorgung und Verläßlichkeit in der Länge der Dienstzeit Rechnung zu tragen. Bis auf wenige Ausnahmen kam es deshalb auch unter seiner Herrschaft kaum mehr zu Meutereien einzelner Truppen; als 19 v. Chr. in Spanien Soldaten, die noch die Bürgerkriege erlebt hatten, meuterten, hat Agrippa sie mit Schande, d.h. ohne Abfindung, entlassen. Politisch war dies möglich, weil keine Führungsfigur mehr vorhanden war, die in Konkurrenz zu Augustus die Unzufriedenheit der Soldaten für ihre Zwecke ausnützen konnte oder wollte.

Augustus war nicht einfachhin der Oberkommandierende des gesamten römischen Heeres. Ein Prokonsul in einer Provinz des römischen Volkes war rechtlich unabhängiger Befehlshaber der ihm unterstellten Truppen. Noch Tiberius erinnerte einen Prokonsul von Africa daran, er als Statthalter sei für die Vergabe von Belohnungen an die Soldaten seiner Provinz verantwortlich und er habe nicht erst ihn, den Princeps, darüber zu befragen. Der Fall zeigt, wie sich das allgemeine ‚Oberkommando' des Princeps durch die politische Unterwürfigkeit der Senatoren, nicht aber durch eine rechtliche Festlegung entwickelte. Natürlich konnte sich Augustus mit seinem *imperium* auch in militärischen Dingen gegenüber Prokonsuln durchsetzen; doch galt dies nur in Konfliktfällen. Es war nicht als generelles Oberkommando gestaltet. Zwar wurde im Einzelfall auch ein Prokonsul unter den Oberbefehl, die *auspicia,* des Augustus gestellt, wie etwa Cornelius Lentulus, *proconsul Africae* zwischen 6 und 8 n.Chr., der in dieser rechtlichen Abhängigkeit einen Krieg gegen den Stamm der Gätuler zu Ende führte. Doch dazu hatte es eines eigenen Senatsbeschlusses bedurft. Normalerweise wären die Auspizien, der Oberbefehl, das ureigenste Recht des Prokonsuls gewesen. Selbst der Anspruch auf einen Triumph wurde senatorischen Kommandeuren, die über ein eigenes *imperium* verfügten, nie durch eine rechtliche Festlegung aberkannt; die politisch-militärische Praxis hat dieses Recht obsolet werden lassen (S. 58ff.). Wenn in der Folge ein Senator einen Sieg errang, dann tat er es im Auftrag des Princeps als sein Legat. Falls Augustus einen Sieg als triumphwürdig anerkannte und eine Imperatorenakklamation annahm, dann konnte er den erfolgreichen Feldherrn durch die Verleihung der Triumphalinsignien an der öffentlichen Anerkennung des Sieges teilnehmen lassen. Äußeres Zeichen war die Verewigung des eigentlichen Siegers durch eine bronzene Triumphalstatue auf dem Forum des Augustus im Herzen Roms.

So verfügte Augustus in der konkreten Praxis über das gesamte römische Heer, das ihm in fast allen Provinzen auch rechtlich unterstand, seit in Illyricum nicht mehr ein Prokonsul, sondern ein Legat des Augustus das Kommando führte und nachdem aus Macedonia die Legionen abgezogen waren. Diese Legaten wurden durch Augustus ernannt, ebenso die Kommandeure der einzelnen Legionen. Sie hatten keine unabhängige Befehlsgewalt, diese war vom *imperium* des Princeps abgeleitet. Das prägte auch die Einstellungen dieser Befehlshaber, nicht weniger als die Haltung der Soldaten, die wußten, auch der mächtige Senator an der Spitze des provinzialen Heeres sei vom Princeps abhängig. Manche der Centurionen und viele der Tribunen verdankten zudem Augustus ihre Stellung beim Heer. Auf ihn hatten auch alle ihren Eid abgelegt, der jährlich erneuert wurde. Dies und die großzügige Besoldung gerade der Centurionen und Tribunen sowie die Aussicht auf weitere Beförderung schufen ein dichtes Netz von Loyalität mit dem Imperator. Dadurch war auch der senatorische Legat eingebunden. Augustus verlangte viel von seinen Truppen; die Eroberungskriege in Spanien, auf dem Balkan und in Germanien forderten ungeheure Anstrengungen und brachten schmerzhafte Verluste. Aber der Mantel des Vergessens bedeckte bald all das, was man während der

Kämpfe vielleicht verflucht hatte. Es blieb der Stolz des Einzelnen und der Einheiten auf die Leistungen, die man unter Augustus' Führung errungen hatte. Zahlreiche Grabinschriften und Texte unter Ehrenstatuen bezeugen, wie die militärischen Auszeichnungen, die Augustus verliehen hatte, der zeitgenössischen Öffentlichkeit mitgeteilt wurden. Und jede Auszeichnung war auch ein Beweis für die Sieghaftigkeit des Imperator Caesar Augustus.

12. Expansionist und „Friedensfürst"

Diese Sieghaftigkeit wurde auch von Augustus selbst mit Nachdruck demonstriert. Nicht nur war die *virtus*, die militärische Tapferkeit und Sieghaftigkeit, eine der vier Tugenden, die durch Senatsbeschluß im Januar 27 v. Chr. als seine herausragenden Eigenschaften hervorgehoben worden waren (S. 48). Auch in Augustus' Namen und Titulatur war sie stets präsent. Das Wort *Imperator*, der siegreiche Feldherr, war zu seinem Vornamen geworden. In seiner Titulatur wurde auch erwähnt, wie oft er von seinen Truppen auf dem Schlachtfeld zum *imperator* ausgerufen worden war und dies akzeptiert hatte. 13 n. Chr. war die Zahl 21 erreicht. Sie zeigte, wie oft Augustus eigentlich siegreich im Triumphzug in Rom hätte einziehen dürfen, wenn er es gewollt hätte. Kein anderer Römer vor ihm konnte sich darin mit ihm messen, auch nicht in der ‚Bescheidenheit', ihm zuerkannte Triumphe zurückzuweisen. Fast das gesamte Kapitel 4 der *res gestae* spricht von seinen Siegen und militärischen Auszeichnungen.

All dies geht Hand in Hand mit seinem Anspruch, Rom den Frieden gebracht zu haben. Als *pax Augusta* sollte seine Regierungszeit in der Erinnerung bestehen bleiben. Der Altar des augusteischen Friedens, die *ara Pacis Augustae*, die 13 v. Chr. bei seiner Rückkehr aus Spanien und Gallien gelobt wurde, ist Teil dieser öffentlichen Manifestation, ebenso die dreimalige Schließung des Heiligtums des Ianus Quirinus, die nur erfolgen durfte, wenn überall im römischen Herrschaftsbereich der Friede hergestellt war – nach siegreichen Kämpfen der römischen Truppen. Vor seiner eigenen Zeit sei dies, so betont Augustus in Kapitel 13 der *res gestae*, nur zweimal geschehen, unter ihm aber dreimal.

Tatsächlich traf diese Propagierung des Friedens vor allem für das Innere des Reiches zu. Nach außen hat Augustus freilich so viele und verlustreiche, aber insgesamt auch erfolgreiche Kriege geführt wie kein anderer Römer vor ihm; unter seiner mehr als vierzigjährigen Herrschaft hat Rom mehr an Territorium hinzugewonnen als jemals zuvor in einem vergleichbaren Zeitraum: den Norden Spaniens, den Alpenbogen mit Rätien und Noricum, Illyricum und Pannonien, ebenso das gesamte Gebiet nördlich von Achaia und Macedonia bis zur Donau; in Kleinasien wurde ein Teil von Pontus, Paphlagonien, Galatien und Kilikien provinzialisiert, ebenso wie Iudaea. Ägypten aber war schon 30 v. Chr. der Herrschaft des römischen Volkes unterworfen worden. Auch die Provinz Africa wurde nach Osten und Süden hin ausgeweitet. In fast allen Regionen rings um das Mittelmeer hat Augustus somit den römischen Herrschaftsbereich vorgeschoben, durchaus im Einklang mit seiner Behauptung in den *res gestae* (cap. 26), er habe das Gebiet aller Provinzen, an die noch nicht den Römern botmäßige Stämme grenzten, ausgeweitet.

Nicht alle territorialen Erweiterungen freilich waren die Folge kriegerischer Unternehmungen. Galatien wurde nach dem Tod des Königs Amyntas ohne größere militärische Anstrengung 25 v. Chr. zur Provinz gemacht. Als 6 n. Chr. der Nachfolger Herodes' des Großen, Archelaus, in seinem Herrschaftsgebiet Iudaea mit seinen Untertanen in einen bedrohlichen Konflikt geriet, setzte ihn Augustus ab. Iudaea wurde Syrien angeschlossen und einem ritterlichen Präfekten als Unterstatthalter zugewiesen. Da damals in Syrien ein Census im Gang war, wurden auch die Bewohner Iudaeas diesem Census unterworfen. Es ist die „Schatzung des Quirinius", von der das Lukasevangelium im Zusammenhang der Geburt Jesu spricht.

Doch zumeist waren die Methoden, mit denen das Reich erweitert wurde, nicht so relativ friedlich. Da war Augustus der getreue Nachfolger der großen Feldherrn der Republik. Doch im Gegensatz zu ihnen konnte er für seine Eroberungen die militärische Kraft des gesamten Reiches mobilisieren. Vor allem war er imstande, während einer langen Regierungszeit Konzepte zu entwickeln und zu versuchen, sie langfristig durchzusetzen. Dabei befand er sich grundsätzlich im Einklang mit der öffentlichen Meinung, die eine Expansion Roms auf Kosten anderer seit Jahrhunderten fast als Verpflichtung Roms ansah. Die Formulierung Vergils, die Götter hätten der Stadt am Tiber eine Herrschaft ohne Begrenzung, ein *imperium sine fine*, verliehen, drückt nicht die persönliche Meinung des Dichters aus, sondern ist Reflex einer inneren Prägung, vor allem in Roms führender Schicht. Man wollte die Erweiterung Roms, darauf konnte Augustus sich verlassen. Bei der Verwirklichung dieser öffentlichen Meinung würden ihm keine Schwierigkeiten entstehen. Freilich, die einzelnen Ziele konnten sich durchaus von dem unterscheiden, was Teile der Mitwelt erwarteten. Viele dachten offensichtlich vor allem an eine Expansion im Osten, der seit Alexanders Tagen, aber auch nach den beuteträchtigen Feldzügen von Sulla und Pompeius so faszinierend erschien. Zudem hatte das römische Selbstwertgefühl durch Niederlagen gegenüber den Parthern nicht wenig gelitten; speziell die Niederlage des Crassus bei Karrhae, aber auch Antonius' blamabler und verlustreicher Rückzug im Jahr 36 und die noch immer in der Hand der Feinde befindlichen Feldzeichen waren im römischen Bewußtsein präsent. Sie verlangten nach Rache und Wiederherstellung der Ehre. Caesar hatte deshalb einen Zug gegen die Parther geplant, Augustus folgte seinem Beispiel nicht. Was die genauen Gründe dafür waren, ist nicht bekannt; ganz gewiß bewog ihn nicht das Motiv, der Friede sei der Expansion vorzuziehen. Er dachte wohl vom Zentrum Rom her – und da mochte der Raum jenseits des Euphrat vielleicht doch zu weit entfernt erscheinen. Vielleicht nahm er auch die früheren Niederlagen so ernst, daß er schließlich das Wagnis eines großangelegten Eroberungszuges gegenüber der Großmacht Parthien nicht eingehen wollte. So ‚enttäuschte' er die Öffentlichkeit. Zum Schutz des Imperiums nach Osten setzte er weithin auf Klientelkönige, die er an Rom band und die mit ihren eigenen Truppen das Vorfeld sicherten, und schließlich mehrfach auf diplomatische Verhandlungen, wobei das römische Heer in Syrien für alle Fälle bereitstand. 20 v. Chr. kam es zu einer Regelung, die für einige Zeit tragfähig war. Augustus selbst hielt sich im Osten auf, Tiberius aber, sein Stiefsohn, verhandelte mit den Parthern. Sein Erfolg war propagandistisch glänzend zu verkaufen. Denn er erhielt alle Feldzeichen von den Parthern zurück, die Rom dort durch drei seiner Feldherrn verloren hatte. In Rom ließen Senat und Volk auf dem Forum einen Bogen errichten, auf dem nicht nur Augustus im Triumphalgespann dargestellt war, sondern auch Nachbildungen der Feldzeichen. Diese selbst wurden nach der Fertigstellung des Mars Ultor Tempels auf dem Forum Augusti im Innern dieses Heiligtums aufbewahrt. Der Tempel sollte für die Zukunft zum kultischen Zentrum für alle militärischen Aktionen Roms werden, denn dort sollte der Senat über Krieg und Frieden entscheiden; auch die Statuen siegreicher Feldherren fanden dort ihren Platz. Die öffentliche Präsentation des diplomatischen Erfolgs gegenüber den Parthern erfolgte also durchaus in militärischen Bildern; der Erwartung der Römer wurde so wenigstens teilweise entsprochen.

Die wirklichen Kriegsschauplätze lagen im Westen, vor allem an Rhein und Donau. Dort wechselten Sieg und Niederlage, wurde neues Territorium erobert und wieder verloren. Doch die Gesamtbilanz war erfolgreich.

Kurze Zeit nach der Wiederherstellung der *res publica* im Januar 27 ging Augustus nach Spanien. Dort war es im vorausgegangenen Jahrzehnt immer wieder zu Kämpfen gekommen. Einige der Statthalter konnten einen Triumph feiern; doch ein endgültiger Erfolg war ausgeblieben. Es gab noch unabhängige Stämme, die sich zur Wehr setzten. Ob die Situation so ernst war, daß Augustus selbst sich um eine Lösung bemühen mußte, ist nicht sehr wahrscheinlich. Eher wollte er nach der Neuordnung im Innern nun auch seine Sorge um die Provinzen beweisen (S. 51). Eine ungewöhnlich große Truppenzahl, mindestens sieben Legionen, wurden im Nordwesten Spaniens zusammengezogen. Obwohl Augustus recht bald verkünden ließ, die Cantabrer seien besiegt, dauerten die Kämpfe bis 19 v. Chr.; in der Endphase hatte Agrippa das Kommando übernommen. Die neugewonnenen Gebiete wurden Teil der beiden Provinzen Lusitania und Hispania Tarraconensis, das heißt sie blieben unter Augustus' Leitung. Ein wichtiges Ergebnis war die Gewinnung der Bergwerksgebiete in Nordwestspanien. Die Reichtümer wurden sogleich in andere Eroberungen investiert.

Unmittelbar nach Abschluß dieser Feldzüge wurde ein beträchtlicher Teil der dort eingesetzten Legionen nach Gallien verlegt. Vermutlich wurden sie – neben der Provinzbevölkerung – zunächst vor allem auch zum Bau und Ausbau der Fernstraßen eingesetzt, die Agrippa von Lugdunum aus bis an den Rhein und den Ärmelkanal anlegen ließ. Die Gebiete rechts des Rheins, und zwar vom Oberlauf des Stromes bis zu seiner Mündung, waren offensichtlich für die Führungsgruppe um Augustus interessant geworden. Dafür spricht einmal der Fernstraßenbau, sodann die Anlage des Legionslagers Dangstetten unmittelbar nördlich des Rheinoberlaufs und auch die Übersiedlung des germanischen Stammes der Ubier in den Jahren 19/18 v. Chr. aus dem rechtsrheinischen Lahngebiet um den Dünsberg in die fruchtbare, aber fast besiedlungsfreie Kölner Bucht. Ubische Münzen, die zwischen ca. 20 und 10 v. Chr. geprägt wurden, sichern den Zeitpunkt der Übersiedlung. Die Ubier sollten als Bundesgenossen das römische Gebiet gegen andere unruhige Germanenstämme schützen, die von dem reichen Gallien zu Beutezügen angelockt wurden. Welches Konzept Augustus und Agrippa damals bereits für das rechtsrheinische Germanien entwickelt hatten, läßt sich nicht genau sagen. Doch scheint es von Anfang an ein offensives gewesen zu sein. Als die germanischen Sugambrer, Usipeter und Tencterer bei einem ihrer Beutezüge 16 v. Chr. dem Legaten des Augustus, M. Lollius, eine verlustreiche Niederlage beibrachten und sogar einen Legionsadler erbeuteten, scheint dies ohnehin vorhandene Absichten zu einem großräumigen Eroberungskrieg nur bestärkt, nicht aber erst ausgelöst zu haben. Denn schon im selben Jahr war der Osten des Alpenbogens, das Königreich Noricum, durch einen Feldzug in den römischen Herrschaftsbereich einbezogen worden. Noricum wurde ein Teil der etwas später von Illyricum abgetrennten Provinz Pannonien und unterstand wohl einem ritterlichen Präfekten, der seinerseits dem senatorischen Statthalter von Illyricum/Pannonien untergeordnet war. Es ist das Modell, das 6 n. Chr. auch in Iudaea Anwendung fand. Ein Jahr nach der Provinzialisierung Noricums wurde auch der westlich anschließende Teil der Alpen, die spätere Provinz Rätien, von Augustus' Stiefsöhnen Tiberius und Drusus erobert. Damit grenzte zum ersten Mal Italien nicht mehr an reichsunabhängige Stämme. Unterworfenes Gebiet zog sich jetzt wie ein schützender Bogen um das Kernland der römischen Bürger. Der Erfolg des Feldzuges wurde für so wichtig gehalten, daß der Dichter Horaz den beiden jungen Feldherren im 4. Buch seiner Oden ein literarisches Siegesdenkmal setzte (4,4; 4,14). Für Augustus selbst errichtete der Senat wenige Jahre später das *tropaeum Alpium*, La Turbie, auf einer Anhöhe in der Nähe von Monaco als monumentales Siegesdenkmal. Bis heute verherrlicht es die durch Augustus vollzogene dauerhafte Eingliederung der Alpenvölker in Roms Herrschaft.

Die Eroberung der Alpen und des nördlichen Alpenvorlandes kann kaum von den Offensiven getrennt werden, die von Drusus im Jahr 12 gegen die Germanen rechts des Rheins und von Tiberius in Illyricum gegen die pannonischen Stämme begonnen wurden. In beiden Fällen könnte einer der Gründe für das offensive Ausgreifen darin bestanden haben, daß miteinander verwandte Stämme innerhalb und außerhalb des römisch beherrschten Gebietes lebten. Solche Verbindungen konnten ein kontinuierliches Unruhepotential auch für die Provinzen darstellen. Hier galt es, Vorsorge zu treffen. Darüber hinaus mögen Augustus und Agrippa großräumige strategische Ziele verfolgt haben. Doch fehlt in dieser Hinsicht jede direkte antike Überlieferung.

Die illyrisch-pannonischen Stämme wurden größtenteils in einem vierjährigen Krieg zwischen 12 und 9 v. Chr. von Tiberius unterworfen, der die Leitung von Agrippa übernommen hatte; kleinere Feldzüge folgten in den nächsten Jahren. Das Land fiel offensichtlich relativ leicht in römische Hände, da der Widerstand gering gewesen zu sein scheint. Vermutlich wehrten sich die einzelnen Stämme ohne Absprache untereinander gegen die Aggressoren. Das führte zu einer irrigen Einschätzung des Friedenswillens der Unterworfenen durch die römische Führung. Eineinhalb Jahrzehnte später sollte dies fast in eine Katastrophe für die Besatzungsmacht münden.

Auch in Germanien erreichte Drusus mit seinen Angriffen schnelle territoriale Gewinne. Daß es auch dort nicht nur um Strafexpeditionen gegangen sein kann, zeigen einige frühe Lager an der Lippe, etwa das Legionslager Oberaden oder das Versorgungsfort Beckinghausen, die für das Überwintern von Truppen angelegt waren. 9 v. Chr. erreichte Drusus bereits die Elbe; das neue Lager an der Werra gehört in diesen Kontext. Ein großer Teil der germanischen Stämme war bereits unterworfen. Als er auf dem Rückmarsch an den Folgen eines Sturzes vom Pferd starb, übernahm Tiberius sein Kommando. Nach dem Feldzug des Jahres 8 v. Chr. konnte der Historiker Velleius Paterculus behaupten, Tiberius habe Germanien beinahe zu einer tributpflichtigen Provinz gemacht. Obwohl der Autor als ein ausgesprochener Lobredner seines ehemaligen Feldherrn schrieb, dürften seine Aussagen im Kern zutreffen. Zumindest haben die Römer ihre Präsenz kontinuierlich ausgebaut und ihren Willen zur dauerhaften Herrschaft durch ihre Militärlager und befestigten Orte fast monumental sichtbar gemacht. Das Lager Haltern an der Lippe glich in seiner baulichen Gestaltung schon annähernd einer befestigten Stadt; Waldgirmes im Lahntal war bereits als reine Zivilsiedlung ausgebaut. Man war sich des Gebietes so sicher, daß Augustus im Sauerland Bleigruben an römische Unternehmer verpachten konnte.

Das Ausscheiden des Tiberius aus der Politik 6 v. Chr. und sein Rückzug nach Rhodos (S. 109) haben nicht zu einer Änderung der römischen Position in Germanien geführt. Allerdings scheint es zu Aufständen gekommen zu sein. Vieles bleibt wegen der schlechten Überlieferung unklar, doch steht fest, daß Germanien bis zur Rückkehr des Tiberius an den Rhein 5 n. Chr. fest in römischer Hand blieb. Es schien nur noch nötig, König Marbod zu überwinden. Dieser hatte sich mit seinem Volksstamm, den Markomannen, nach Böhmen zurückgezogen und von dort aus ein weitverzweigtes Bündnissystem mit anderen germanischen Stämmen aufgebaut. Er stand aber damit auch als Bündnispartner für die germanischen Völker unter römischer Herrschaft bereit; dieser Option wollte Tiberius ein Ende bereiten. Ein Feldzug mit Mainz in Obergermanien und Carnuntum in Pannonien als Ausgangsbasen sollte die Lösung bringen. Der Vormarsch wurde logistisch weiträumig vorbereitet, unter anderem wohl mit der Anlage des großen, dann aber nie benutzten Lagers von Marktbreit am mittleren Main. Als zwölf Legionen sich schon auf dem Marsch befanden, holte Tiberius die Nachricht vom Aufstand der Pannonier ein; der Feldzug wurde abgebrochen. Marbods Macht wurde nicht zerschlagen.

Augustus mußte alle militärische Energie in Pannonien konzentrieren. Die dortigen Stämme hatten offensichtlich ihre Kräfte zusammengeschlossen. Die Herausforderung für Rom erschien so gefährlich, daß Augustus sogar die Hauptstadt bewachen ließ. Neue Auxilien wurden aufgestellt, sogar aus Sklaven, die von den Besitzern für den Heeresdienst freigelassen werden mußten. Auch Zwangsaushebungen wurden angeordnet, selbst unter der stadtrömischen Bevölkerung. 10 Legionen und mindestens 80 Hilfstruppeneinheiten standen schließlich Tiberius zur Verfügung. Mit ihnen hat er unter gewaltigen Verlusten für beide Seiten schließlich 9 n. Chr. den Aufstand niedergekämpft. Für Tiberius wurde ein Triumph beschlossen, das Reich war finanziell und personell erschöpft. Das Heer und der römische Staatshaushalt hätten einer Ruhepause bedurft.

Doch schon wenige Tage nach dem Triumphbeschluß erreichte eine neue Schreckensbotschaft die Hauptstadt: Im rechtsrheinischen Germanien war der Statthalter P. Quinctilius Varus mit drei Legionen und neun Hilfstruppen von den Germanen vernichtet worden. Deren Anführer war Arminius, ein junger Fürst der Cherusker, der im römischen Heer als Präfekt einer Hilfstruppeneinheit gedient hatte und wie viele andere Germanenhäuptlinge mit dem römischen Bürgerrecht ausgezeichnet worden war. Davon hatten sich Augustus und seine politischen Freunde Loyalität erwartet. Manche Germanen leisteten diese Loyalität; doch die aufständischen Elemente bei den Cheruskern und anderen germanischen Völkern erzwangen die Solidarität der Stammesgenossen gegen Rom. Umstritten ist, ob es sich damals um eine allgemeine Volkserhebung handelte oder ob germanische Auxilien im römischen Dienst, die mit römischer Kampfweise bestens vertraut waren, die eigentlichen Träger der Revolte waren. Selbst wenn diese freilich den Kern revoltierender Germanen darstellten, so war doch entscheidend, daß sich große Teile der Stämme selbst den Aufständischen angeschlossen haben. Varus war vermutlich zu vertrauensselig gegenüber Arminius und seinen Verbündeten. Später warf man ihm von römischer Seite vor, er allein habe durch sein Verhalten die Germanen in den Aufstand getrieben. Denn er habe Germanien wie eine Provinz geleitet, Tribute erhoben und Recht gesprochen. Dazu hatte er auch allen Grund; denn Germanien war damals provinzialisiertes Gebiet innerhalb des römischen Imperiums.

Vermutlich hat Varus sich im Spätsommer 9 n. Chr. auf die Nachricht von einem germanischen Aufstand zu dem Zug verleiten lassen, bei dem er schließlich mit seinen Truppen unterging. Arminius und seine Verbündeten nutzten das regnerische Wetter und ihre Ortskenntnis. Tacitus nennt als Ort der Katastrophe den *saltus Teutoburgiensis*. Diese Bezeichnung wurde erst in der frühen Neuzeit auf den heutigen Teutoburger Wald übertragen; dieses Mittelgebirge aber ist nicht der Ort der römischen Niederlage. Im letzten Jahrzehnt sind in der Nähe von Bramsche bei Kalkriese über eine Distanz von mehreren Kilometern zahlreiche Reste von Wagenbeschlägen, Waffen und Ausrüstungsgegenständen, eingestürzte Wallanlagen und hastig vergrabene Münzschätze geborgen worden. So spricht heute vieles dafür, daß in diesem Gebiet die Armee des Varus vernichtet wurde. Allerdings ist das nicht *der Ort der Varusschlacht*. Den hat es nicht gegeben; denn das Gemetzel zog sich über eine weite Strecke hin und dauerte drei Tage. Varus und andere hohe Offiziere töteten sich selbst; der Rest der führungslosen Truppen wurde von den Germanen massakriert oder gefangengenommen.

In Rom wäre beinahe eine Panik ausgebrochen. Man glaubte, die Germanen würden den Rhein überschreiten und Gallien erobern. Doch solche Pläne hatten die Germanen nicht. Marbod, an den Arminius den Kopf des Varus gesandt hatte, verweigerte sich einem gemeinsamen Angriff gegen die Römer. Die Lage am Rhein war zwar gespannt, blieb aber ruhig. Immer wieder hat man in der Forschung angenommen, Augustus habe damals erkannt, daß seine Germanienpolitik geändert werden müsse. Doch scheint er eher auf seiner offensiven Politik beharrt zu haben. Denn die vernichteten Legionen wurden nicht nur durch neue Einheiten ersetzt, die Heeresmacht am Rhein wurde sogar verstärkt. Tiberius, der wiederum nach Germanien abkommandiert wurde, unternahm sofort Strafexpeditionen gegen die treulosen Germanenstämme. Vor allem aber hat Germanicus, der Sohn des Drusus, 13 n. Chr. den Oberbefehl an der Rheinfront übernommen, und er hat noch im selben Jahr einen Sieg errungen, weshalb Augustus seine letzte Imperatorenakklamation annahm. Somit ist es wahrscheinlich, daß Augustus ihm den Auftrag gegeben hat, die verlorenen Gebiete zurückzugewinnen. Schließlich war auch nicht das gesamte rechtsrheinische Germanien abgefallen; an der Nordseeküste waren mehrere Stämme Rom treu geblieben. Wenn deshalb Augustus in seinen *res gestae* schreibt (cap. 26), er habe Spanien, Gallien und Germanien, soweit sie der Ozean von Gades bis zur Mündung der Elbe umfasse, befriedet, dann ist dies nicht falsch. Erst Tiberius hat faktisch auf die Expansionspolitik in Germanien verzichtet.

Augustus hat mit seinem offensiven Ausgreifen die Kräfte des Imperiums fast überbeansprucht. Seine Ziele hat er nicht überall erreicht. Die frühen Feldzüge gegen ein äthiopisches Königreich im Süden Ägyptens sowie gegen das Reich der Sabäer an der Südspitze der arabischen Halbinsel zwischen 25 und 22 v. Chr. waren auf seinen Befehl von den Präfekten von Ägypten Aelius Gallus und C. Petronius unternommen worden. Zwar rühmt sich Augustus in seinem Tatenbericht, seine Truppen seien weit nach Süden vorgestoßen, so weit wie nie zuvor ein römisches Heer. Das konnte dem römischen Stolz schmeicheln und das Prestige des Princeps vergrößern. Doch ein dauerhafter Erfolg war ihm versagt geblieben – nicht anders als später in Germanien. Auch die Grenzprobleme mit den Parthern waren nicht endgültig geklärt; rund zwei Jahrzehnte nach dem Akkord von 20 v. Chr. mußte Gaius Caesar, Augustus' Adoptivsohn, wieder an die Ostgrenze des Reiches beordert werden. Auch hier blieb der dauerhafte Erfolg aus. Die wichtigere Folge war, daß Gaius Caesar an einer Wunde, die er bei der Belagerung einer Stadt erhalten hatte, starb – eine persönliche Katastrophe für Augustus. Beim Tod des Princeps war so auch im Osten keine Lösung gefunden, die Bestand hatte.

Doch trotz dieser Rückschläge und der kräftezehrenden Niederlagen im Donauraum und rechts des Rheins war – vom römischen Standpunkt aus – Augustus ein großer Eroberer und ‚Mehrer' des Reiches, der größte in der Geschichte Roms. Die Eroberungen, die ihm auf Dauer gelungen waren, blieben ohne Ausnahme auf viele Jahrhunderte hin Teil des Imperiums und zeugten von der ‚Richtigkeit' seiner Politik.

13. Rom – die augusteische Stadt

Wenige seiner Nachfolger haben das Imperium persönlich so umfassend gekannt wie Augustus; nur Hadrian (117–138) hat ihn in der intensiven Reisetätigkeit übertroffen. Schon vor der Erlangung der gesamten Macht hatte Octavian Italien, Griechenland, Illyricum und Sizilien kennengelernt, nach der Schlacht von Actium folgten weite Teile des Ostens; auch in den Jahren 21–19 suchte Augustus den östlichen Reichsteil wieder auf, als Tiberius mit den Parthern verhandelte. Längere Zeit verbrachte er allerdings in den westlichen Provinzen, vor allem in Spanien und in Gallien: Von 27–24 und nochmals von 16–13 regierte er das Reich von dort aus; seine letzten Reisen führten ihn 11/10 und 8 v. Chr. erneut nach Gallien. Dabei zeigte sich bereits ein charakteristisches Kennzeichen der römischen Monarchie: wo sich der Herrscher aufhielt, dort war das Zentrum des Reiches. Gesandte indischer Könige suchten Augustus 25 v. Chr. in Tarraco auf, im Jahr 20 wiederum auf der Insel Samos und in Antiochia in Syrien. Nach Samos kamen auch Bevollmächtigte der Königin Kandake aus Äthiopien, um über einen Friedensvertrag zu verhandeln. Der Senat ordnete immer wieder kleine Gruppen aus seiner Mitte ab, um mit Augustus auch außerhalb Roms politische Fragen zu erörtern. Dauerhafte politische Entscheidungen wurden nur dort getroffen, wo Augustus war.

Doch das eigentliche Zentrum der Macht blieb Rom. Augustus dachte nie daran, einen anderen Ort zum Mittelpunkt des Reiches zu machen. Diesem durchaus Rom-bezogenen Denken des Augustus entsprach auch sein Handeln. Erst durch ihn wurde Rom auch städtebaulich zum Mittelpunkt des Reiches. Jeder konnte nunmehr unmittelbar mit seinen Sinnen erfahren, wo Politik gemacht wurde, weil sich die monarchische Macht hier in neuen Bildern ausdrückte – freilich auch mit einem gewissen Respekt für den republikanischen Rahmen.

Denn eine Residenz, die seiner Stellung entsprochen hätte, hat Augustus nicht errichtet. Erst seine Nachfolger haben den Palatin zu dem kaiserlichen Hügel ausgebaut, als der er heute noch mit seinen grandiosen Ruinen dem Besucher erscheint. Augustus folgte vielmehr der Maxime, die Cicero in einer öffentlichen Rede ausgedrückt hatte: „Das römische Volk haßt den Luxus bei Privatleuten, liebt jedoch prachtvollen Aufwand für die Öffentlichkeit." Noch während der Triumviratszeit hatte Octavian auf dem Palatin ein Haus erworben, wo nach der Überlieferung Romulus die Stadt errichtet hatte. Das könnte eine gezielte Entscheidung für seine politische Zukunft gewesen sein. Ausdehnung und räumliche Gestaltung dieser *domus* blieb immer relativ bescheiden, jedenfalls verglichen mit dem aufdringlichen Luxus, den andere Führungsfiguren der späten Republik demonstriert hatten. Freilich erfolgten im Verlauf von Augustus' langer Lebenszeit viele zeichenhafte Veränderungen an dem Gebäude. 27 v.Chr. wurden nach der politischen Neuregelung im Monat Januar auf Senatsbeschluß zwei Lorbeerbäume zu beiden Seiten des Eingangs gepflanzt, über der Tür erschien die Bürgerkrone, die ihm für die Rettung der Bürger verliehen worden war. Kein Haus eines anderen römischen Aristokraten war in dieser offiziellen Form ausgezeichnet. Nach seiner Wahl zum *pontifex maximus* 12 v. Chr. machte der Princeps einen Teil seines Hauses zu einem öffentlichen Gebäude, einer *domus publica*, weil der Oberpriester offiziell so zu wohnen hatte. Doch Augustus wollte nicht dessen Amtswohnung, die *domus regia*, auf dem Forum Romanum beziehen. Auch ein Heiligtum der Vesta errichtete er in seinem Haus; die Priesterinnen der Göttin, die Vestalinnen, wachten über das öffentliche Herdfeuer. Livia übernahm diese Funktion im Haus des Oberpriesters. Öffentliche Funktion und privates Leben des Augustus vermischten sich auch in seiner *domus* zu einer untrennbaren Einheit.

Das wurde noch mehr durch das verdeutlicht, was er baulich mit seinem Haus verband. Als kurz nach dem Erwerb des Grundstücks ein Blitz eingeschlagen hatte, erklärte er diesen Teil zum Sakralbereich und ließ dort den Tempel für seinen Schutzgott Apollo errichten, der erste Tempel in Rom, der vollständig aus weißem carrarischen Marmor erbaut war. Hier wurden später die Orakelsprüche der Sibylle unter der Kultstatue geborgen; während der Säkularspiele stand der Tempel im Mittelpunkt der Feier, bei der das von Horaz komponierte Säkularlied gesungen wurde. Mit dem Tempel war auch eine Porticus und eine Bibliothek verbunden. Je älter Augustus wurde, desto öfter wurde dort der Senat zusammengerufen; das alte republikanische Gremium folgte dem Princeps auch räumlich auf den Hügel des Romulus, des mythischen Vorfahren der iulischen Familie.

Augustus seinerseits verwandelte das Forum Romanum, das Zentrum des republikanischen Rom, nicht etwa indem er selbst dort allein als Bauherr wirkte; vielmehr war – mindestens zum Teil – der Senat für die Baubeschlüsse und die Finanzierung verantwortlich. Aber seine Ideen, seine Person, seine Familie wurden dort monumental repräsentiert. Schrittweise wurden dort ‚*seine*' Gebäude, ‚*seine*' Monumente errichtet. Als er starb, war das Forum zu einem neuen Zentrum verwandelt, nun fast vollkommen in der Hand der iulischen Familie. Der erste Neubau an der Ostseite war der Tempel des vergöttlichten Caesar – programmatischer und ostentativer konnte der Wandel nicht gezeigt werden. Der Altar vor dem Tempel markierte den Platz, an dem der Leichnam Caesars verbrannt worden war. Davor wurde nach Actium eine neue Rednertribüne errichtet, geschmückt mit den Rammspornen (*rostra*) der erbeuteten Schiffe. An der Westseite erhob sich die ebenfalls erneuerte republikanische Rednertribüne. Beide standen symbolisch für die beiden Epochen, die sich hier begegneten; doch die neue Epoche setzte sich durch. Neben dem Tempel Caesars stand der aufwendige Partherbogen mit seinen drei Durchgängen; auf der Attika waren die Feldzeichen dargestellt zusammen mit Augustus. Der schon republikanische Tempel des Castor und Pollux ragte daneben empor; er wurde von Tiberius im Namen seines Bruders und in seinem eigenen ganz in Marmor erneuert. Riesige Lettern verkündeten die Namen der Erbauer. An diesen, das Forum durch seine Größe dominierenden Bau schloß sich die fünfschiffige Basilica Gai et Luci Caesarum an, dem Andenken der beiden früh verstorbenen Söhne des Augustus geweiht. Auch die Kurie, das Sitzungsgebäude des Senats, wurde völlig neu gestaltet und auf das Forum hin ausgerichtet. Als Curia Iulia zeugte sie davon, daß der Machthaber ihre Wiedererrichtung veranlaßt hatte. Augustus vergaß nicht, die Kurie als erstes der Bauwerke, die er in Rom errichten ließ, in seinen *res gestae* (cap. 19) zu erwähnen. Lediglich die Basilica Aemilia, von der Familie der Aemilier im 2. Jahrhundert v. Chr. erstmals erbaut, wurde von derselben Familie restauriert. Und die einzige wirklich neue bauliche Maßnahme, die nicht mit Augustus' Namen verbunden war, die Pflasterung des freien Forumplatzes durch den Prätor L. Naevius Surdinus, wurde vermutlich vom Senat angeordnet und aus der Staatskasse bezahlt. Die optische Wirkung des Platzes und die Symbolkraft aber ruhte auf den augusteischen Bauten.

Neben dem immer mehr veränderten republikanischen Zentrum schuf der Princeps ein neues Forum, direkt nördlich der Kurie, nur durch das Caesarforum getrennt. „Auf meinem eigenen Grund und Boden habe ich den Tempel des Mars Ultor und das Forum Augustum aus der Kriegsbeute errichtet", schreibt er in Kapitel 21 der *res gestae*. Das gewaltige Heiligtum, das er vor der Schlacht von Philippi gelobt hatte, wurde Teil einer architektonischen Anlage, die zwar auch praktische tägliche Bedürfnisse erfüllte. Aber der wichtigste Zweck war doch, den neuen Machthaber visuell erfahrbar in den Zusammenhang der iulischen Familie und der gesamten römischen Geschichte einzuordnen, ihn als deren Zielpunkt zu präsentieren. Die Giebelfiguren des Tempels zeigten Mars, den Vater des Romulus, als beherrschende Figur, daneben Venus, die Stammutter der iulischen Familie. In den Portiken, die den auf einem hohen Podest thronenden Marmortempel flankierten, wurde die mythologische Linie bis in die historische Zeit fortgeführt. Statuen der bedeutendsten Männer Roms, von Romulus über Appius Claudius Caecus, den berühmten Censor, bis zum Dictator Sulla und Pompeius, dem Gegner Caesars, standen in den Nischen der Porticus links des Tempels. Ihre Abbilder wurden durch Inschriften erläutert, die ihre politisch-militärische Laufbahn darstellten und ihre Taten für die *res publica*. Alle ihre Taten, ihre *res gestae*, führten hin zu Augustus, der auf ihnen ruhte, sie aber mit seinen eigenen *res gestae* weit übertraf. Rechts vom Tempel präsentierte sich in ähnlicher Weise die iulische Familie, an deren Beginn der troianische Held Aeneas stand und die mit Marcellus, dem früh verstorbenen Schwiegersohn des Augustus, und mit Drusus, seinem Stiefsohn, endete. Beide Linien aber fanden ihren gemeinsamen Endpunkt in Augustus, dessen Statue, auf einem Triumphwagen stehend, unmittelbar vor dem Tempel den Platz beherrschte. Die Inschrift darunter rühmte ihn als Vater des Vaterlandes. Der Militärmachthaber war zum patrimonialen Monarchen stilisiert.

Die augusteische Gestaltung Roms reichte freilich weit über diese Zentren der Selbstdarstellung des Herrschers hinaus. In den Kapiteln 19–21 der *res gestae* gibt er einen nur unvollständigen Überblick über seine Baumaßnahmen. Darunter finden sich aber wichtigste Tempel aus der Geschichte Roms: das Kapitol, der Tempel des Quirinus auf dem Quirinalhügel oder der Diana auf dem Aventin. Allein im Jahr 28 hat er nach eigener Aussage 82 Heiligtümer auf Veranlassung des Senats wiederherstellen lassen. Sie waren während des politischen Niedergangs vernachlässigt worden. Octavian-Augustus, der Neugründer der *res publica*, ein zweiter Romulus, restaurierte sie zu neuer Pracht und zeigte so der Mitwelt, daß auch die Fundamente des Gemeinwesens neu gelegt seien.

Erstaunlich gering ist die Zahl der ‚Nutzbauten', die Augustus in den *res gestae* neben den Heiligtümern aufzählt; außer der Kurie etwa das Pompeiustheater, das restauriert wurde, das Marcellustheater, das er zu Ehren seines Schwiegersohnes erbaute, sowie die Wasserleitungen, die erneuert oder in ihrer Kapazität erweitert wurden. Die ‚Nutzbauten' überließ er größtenteils Agrippa. Obwohl bereits Konsular hatte dieser 33 v. Chr. nochmals das Amt eines Ädilen übernommen, um so auch in offiziellem Auftrag für die bauliche Neuordnung zu sorgen, freilich mit seinen eigenen finanziellen Mitteln. Doch auch nachdem er aus diesem Amt geschieden war, führte er diese öffentliche Bautätigkeit weiter. Zwei neue Aquädukte, die Aqua Virgo und die Aqua Iulia, brachten eine wesentlich größere Wassermenge als bisher nach Rom. Die Aqua Virgo versorgte insbesondere die Thermen Agrippas auf dem Marsfeld, aber auch die Park- und Wasseranlagen, die damit verbunden waren. Daneben erhob sich das Pantheon, in dessen Vorhalle monumentale Statuen von Augustus und Agrippa den Besucher empfingen; im Innern warteten die Statuen der Götter, darunter die des vergöttlichten Caesar. Die Sphären der Menschen und des Olymp waren miteinander verbunden, vermischten sich aber in Rom nicht.

Unmittelbar neben dem Pantheon vollendete Agrippa den schon von Caesar begonnenen Bau, der dem Volk als politische Versammlungsstätte dienen sollte, die sogenannten Saepta Iulia; mit ihnen verband er eine Halle zur Auszählung der Stimmen. Die Dimensionen waren gewaltig, der Marmorluxus überwältigend. Doch politisch waren die Monumentalbauten überflüssig, eine prächtige Schale ohne Kern; sie wurden schnell zu Orten des Flanierens und des Vergnügens für die Bevölkerung, nicht unwichtig in dieser riesigen Stadt mit ihren Bevölkerungsmassen, die dichtgedrängt nebeneinander wohnten. Genauso wichtig aber waren Markt- und Speicheranlagen wie das *macellum Liviae*, ein weitdimensionierter Markt auf dem Esquilin, benannt nach Augustus' Gemahlin Livia.

In etwas mehr als vierzig Jahren war das äußere Gesicht Roms grundlegend umgestaltet worden – nicht anders als das politische Leben. Überall erhoben sich Bauten, die Augustus selbst veranlaßt hatte oder die mit ihm oder Mitgliedern seiner Familie verbunden waren. Jeder konnte es lesen; denn Inschriften verkündeten den Namen des Princeps, seiner Enkel oder Söhne, seines Mitstreiters Agrippa oder anderer Angehöriger der augusteischen Familie, so wie noch heute über der Eingangshalle des Pantheon die Bauinschrift mit dem Namen Agrippas zu sehen ist. Nicht selten waren es riesige vergoldete Bronzebuchstaben, *litterae aureae*, die im Sonnenlicht glänzend von den Architraven der Tempel, von Obelisken oder Triumphbögen den Bürgern Roms vom Ruhm des Princeps und von seinen Taten kündeten. Und überall war er in seinen Statuen präsent: Auf der Rednertribüne des Forums, vor dem Tempel des Mars Ultor, in der Eingangshalle des Pantheons, ebenso aber auch in den Kapellen, die in jedem der 265 Stadtteile Roms zwischen 12 und 7 v. Chr. errichtet wurden. Dort standen die Laren, die Schutzgötter der Bezirke, im Mittelpunkt des Kultes; unter ihnen wurde auch eine Statuette des Genius des Augustus verehrt als Verkörperung der in ihm wirkenden männlichen Kraft. Augustus hatte die Statuetten selbst für die Stadtbezirke gestiftet. Sooft dort ein Fest gefeiert und den lokalen Gottheiten geopfert wurde, war auch sein Genius in das Opfer eingeschlossen. So erfaßte der Princeps den öffentlichen Raum und so durchdrang er das öffentliche Leben. Niemand konnte das übersehen, der nicht bewußt die Augen schloß. Die Aussage der öffentlichen Bauten, der Inschriften und Statuen machte deutlich und mit dem Fortgang der Zeit immer deutlicher, daß Augustus nicht nur Princeps, der Erste unter anderen, war, sondern Monarch, der Einzige.

14. Auf der Suche nach der politischen Kontinuität: Die Nachfolgefrage

Einen Kaiser Augustus hat es dennoch nie gegeben. Kein Zeitgenosse hätte in einem Wort zusammenfassen können, was seine Stellung wirklich bedeutete. Es gab keine Bezeichnung, die seine Macht, seine politischen Möglichkeiten und gleichzeitig seine legale Position, seine ‚republikanischen' Vollmachten erfaßte. Nur die Nachwelt, die nicht mehr unterschied, wie Augustus' Stellung langsam entstanden war, konnte ihn aus der Rückschau anachronistisch so bezeichnen – und seine Stellung gleichzeitig drastisch verzeichnen, weil damit auch suggeriert wird, daß es in seiner Stellung keine Entwicklung gegeben habe. Augustus etwa 27 v. Chr. bereits Kaiser zu nennen, verfälscht sein Bild und läßt nicht deutlich werden, daß sich die Herrschaftsform des römischen Kaisertums erst im Laufe von mehreren Jahrzehnten entwickelte. Seine Macht beruhte auf verschiedenen Amtsgewalten, die ihm zu unterschiedlichen Zeiten von Senat und Volk übertragen worden waren, auf seinem ungeheuren privaten Vermögen, auf den zahlreichen klientelhaften Bindungen von Einzelpersonen und

Gruppen im gesamten Reich an seine Person. Daraus resultierte auch seine *auctoritas*, die er selbst als Grundlage seines politischen Handelns in den Vordergrund gestellt hat. Die moderne Forschung ist ihm darin häufig über Gebühr gefolgt.

Eine Machtstellung, die sich aus so vielen Komponenten zusammensetzte, konnte nicht einfach auf einen anderen übertragen werden, vor allem nicht von Augustus selbst. Hätte er das versucht, hätte er sich die ganze kunstvolle Gestaltung seiner Position in der *res publica* sparen können. Er sollte ja gerade nicht als der erscheinen, der über den Staat verfügte; vielmehr mußten Senat und Volk ‚bestimmen', wer die Führung des Gemeinwesens in Händen hielt. Die Mitwirkung von Senat und Volk zu erreichen, war nicht schwierig. Doch mußte auch dies in einer Weise geschehen, daß es nicht der Ideologie der wiederhergestellten Republik widersprach. Augustus hat sich dabei als ein Meister erwiesen, die öffentliche Meinung und insbesondere den Senat in seinem Sinn zu lenken und doch auch selbst die Spielregeln einzuhalten.

Natürlich hat er nie in Erwägung gezogen, seine Stellung mit seinem Tod zu einem Ende kommen zu lassen. Wie jeder römische Aristokrat der Republik wollte er die von ihm erreichte Position in seiner Familie erhalten, eine Position, die freilich jetzt die monarchische Leitung der römischen *res publica* beinhaltete. So verwundert es nicht, daß frühzeitig sein Bemühen zu erkennen ist, seine Stellung faktisch weiterzugeben. Das Problem bestand für ihn allerdings immer darin, daß er keinen Sohn hatte, auf den in natürlichen Formen politische Kompetenzen und gleichzeitig familiale Macht, also Vermögen und Klientel übergehen konnten. Sein einziges Kind war seine Tochter Iulia, 39 v. Chr. von seiner zweiten Frau Scribonia geboren. Ihr Leben wurde ganz wesentlich von den politischen Notwendigkeiten ihres Vaters bestimmt. Auch deshalb endete es in einer Katastrophe. Dorthin führte ein langer, nach außen sehr glanzvoller Weg; ihre persönlichen Bedürfnisse spielten aber kaum eine Rolle.

Noch während sich Augustus (26–24 v. Chr.) in Spanien aufhielt, verheiratete er sie mit seinem erst 17jährigen Neffen

Marcellus, dem Sohn seiner Schwester Octavia. Die noch stärkere Einbindung des jungen Mannes in seine Familie erschien Augustus so dringlich, daß er Agrippa in seiner Abwesenheit die Rolle des Brautvaters übertrug. Als Schwiegersohn des Princeps hatte Marcellus unmittelbar an Gewicht gewonnen. Nichts zeigt dies deutlicher als eine Aussage im Prozeß gegen den ehemaligen Prokonsul von Macedonia, M. Primus, wohl im Jahr 23. Ihm wurde vorgeworfen, er habe ohne Erlaubnis einen Krieg außerhalb seiner Provinz gegen die Odrysen geführt. Zu seiner Verteidigung erklärte er, zu diesem Krieg habe er Weisungen von Augustus – und von Marcellus erhalten. Ob die Aussage richtig war oder nur zur Verteidigung angeführt wurde, ist unwichtig. Sie zeigt aber, welchen politischen Einfluß man Marcellus zuerkannte – nur deshalb, weil er Augustus' engster männlicher Verwandter war. Es ist nicht zu bezweifeln, daß der Princeps in ihm denjenigen sah, der auf längere Frist die entscheidende Rolle neben ihm spielen sollte. Dazu kam es nicht, da Marcellus noch während des Krisenjahres 23 starb.

Wie peinlich Augustus freilich den Anschein einer nur auf seinem Willen beruhenden dynastischen Weitergabe seiner führenden Position an Marcellus vermeiden wollte, zeigt gerade sein damaliges Verhalten. Obwohl er sich von seiner Krankheit im Juni 23 erholt hatte und damit die Frage nach der Übernahme seiner politischen Stellung durch einen anderen nicht mehr akut war, hielt sich hartnäckig das Gerücht, in seinem Testament habe er doch Marcellus als seinen ‚Nachfolger' designiert. Seine Antwort darauf war schließlich, er wolle sein Testament im Senat verlesen lassen, um alle Zweifel zu eliminieren. Der Adressat war dabei vermutlich weniger die allgemeine Öffentlichkeit als vielmehr seine eigene Partei und sein wichtigster Helfer, Agrippa.

Dieser rückte nach Marcellus' Tod an dessen Stelle; das aber geschah wiederum durch seine Einbindung in Augustus' engste Familie. Agrippa mußte sich von seiner Frau trennen und die verwitwete Iulia heiraten. Er besaß freilich bereits seit 23 v. Chr. ein *imperium* wie ein Prokonsul; fünf Jahre später wurde ihm auch die Amtsgewalt eines Volkstribunen übertragen. Das näherte ihn in seiner rechtlichen Stellung weitgehend Augustus an; doch Unterschiede blieben bestehen. Schon im Jahr 20 hat Iulia ihm einen Sohn geboren, dem 17 ein zweiter Sohn folgte. Nach dessen Geburt adoptierte Augustus beide feierlich in öffentlicher Form; seine Enkel wurden seine Söhne: Gaius und Lucius Caesar – so führt er sie auch in seine *res gestae* ein. Von Anfang an wurde sichtbar, welches Ziel er mit dieser Adoption verfolgte. Sie sollten einst seine Nachfolger werden. Die äußeren Formen verhüllten dies nicht einmal sehr; dennoch hätte ihm formal niemand vorwerfen können, er handle gegen die von ihm selbst anerkannten Regeln der *res publica*. Zudem wurde die eigentliche Frage zunächst nicht aktuell, da Agrippa, der natürliche Vater der beiden ‚Augustussöhne', die Kompetenzen in den Händen hielt, um notfalls Augustus zu ersetzen. Da es seine Söhne waren, die langfristig als seine Nachfolger vorgesehen waren, entstand auch kein Konkurrenzverhältnis zwischen Agrippa und den beiden jungen Caesares. Sie waren auch noch zu jung dafür.

Es schien, daß Augustus das drängende Problem durch eine Zweigenerationenlösung auf elegante Weise entschärft hatte. Doch schon fünf Jahre später, 12 v. Chr., war der schöne Traum zu Ende. Agrippa starb, die Augustusenkel waren noch unmündige Kinder. Im Ernstfall hätten sie keine Machtposition übernehmen können. Der Princeps war zu sehr Realist, um das nicht zu sehen, und wiederum suchte er eine Lösung im engsten Familienkreis. Livia hatte in die Ehe mit Octavian zwei Söhne mitgebracht, Tiberius und Drusus. Sie hatte ein starkes Interesse, ihren Söhnen entscheidende Machtpositionen zu sichern. So darf man vermuten, daß sie Einfluß auf ihren Mann nahm, als jetzt erneut über die Zukunft nachgedacht werden mußte. Vor allem war ein Ehemann für Iulia zu finden. Drusus, der jüngere Sohn, war mit Antonia, Augustus' Nichte, verheiratet; diese schon sehr enge verwandtschaftliche Verbindung durfte nicht gestört werden. Tiberius dagegen war ‚nur' mit Vipsania, einer Tochter aus der ersten Ehe des verstorbenen Agrippa, verbunden. So mußte er sich von ihr trennen; die Heirat mit Iulia erfolgte, sobald die Trauerzeit für sie zu Ende war. Es ist glaubhaft überliefert, daß Tiberius nur unter Zwang, wegen der massiven politischen Gründe, in die neue Ehe einwilligte, zumal er und Iulia charakterlich kaum zueinander paßten. Freilich mag auch ein verdeckter Ehrgeiz, die Aussicht auf die höchste Stellung in der *res publica*, Tiberius' Zustimmung mit veranlaßt haben. Doch bei ihm war Augustus weit zurückhaltender als bei Agrippa, diese Zukunft auch durch entsprechende Vollmachten deutlich zu machen. Zwar erhielt Tiberius in den folgenden Jahren für seine militärischen Erfolge in Pannonien und Germanien zusammen mit Augustus mehrere Imperatorenakklamationen. 7 v. Chr., im Jahr seines zweiten Konsulats, feierte er sogar einen Triumph über Germanien – es war der erste Triumphzug nach dem Jahr 19, den Augustus wieder zugelassen hatte. Doch erst 6 v. Chr. ließ ihm der Princeps die tribunizische Amtsgewalt übertragen, womit endlich eine Aussage über die Zukunft getroffen zu sein schien. Da aber war es bereits zu spät. Denn noch im selben Jahr zog sich Tiberius aus der Politik und sogar aus dem stadtrömischen Leben zurück. Er ging nach Rhodos – wie in die Verbannung. Über die Gründe wurde viel spekuliert, völlige Klarheit ist nicht zu erreichen. Doch hat sicher sein sehr getrübtes Verhältnis zu Iulia dazu beigetragen. Wie weit die Geschichten über ihre Beziehungen zu anderen Männern vielleicht nur bösartiger Klatsch der neugierigen Öffentlichkeit war, ist nicht mehr zu eruieren.

Wichtiger war wohl, daß Tiberius zunehmend sehen mußte, wie die beiden ‚Augustussöhne' – im Jahr 6 gerade 14 bzw. 11 Jahre alt – von Augustus immer stärker herausgestellt wurden. Bei Spielen, die der Princeps in ihrem Namen gab, wurden sie dem Volk präsentiert; die Zuschauer verstanden durchaus, welche Botschaft Augustus vermitteln wollte. Beide wurden auch frühzeitig in Priesterkollegien kooptiert. 8 v. Chr. nahm Augustus Gaius Caesar mit sich nach Gallien, um ihn dem Heer vorzustellen. Die Legionen am Rhein erhielten neben ihrem Sold eine Geldzuwendung in Gaius' Namen – so ließ sich Anhänglichkeit erzeugen. Nach Tiberius' Rückzug wurde das

Bild noch deutlicher. 5 v. Chr. nahm Augustus wiederum den Konsulat an, um dem Anlegen der Männertoga durch Gaius Glanz zu verleihen. Der Senat beschloß, Gaius solle von nun an im Senat an den Beratungen teilnehmen. Im selben Jahr wurde er zum Konsul bestimmt; das Amt sollte er fünf Jahre später, im Alter von 20 Jahren übernehmen. Bisher hatte es noch keinen so jungen Konsul in der Geschichte Roms gegeben. Die Jungmannschaft der Ritter erwählte ihn zu ihrem Anführer, zum *princeps iuventutis*. Die Parallelität zu Augustus, der seinerseits *princeps senatus*, Erster des Senats, war, konnte man nicht übersehen. Auch die Provinzen realisierten, wer in Zukunft die Macht übernehmen würde. So schickte man von überall Gesandte, die dem jungen ‚Prinzen' die Loyalität versichern sollten. Inschriftlich erhaltene Eide aus Südspanien und Kleinasien zeigen, daß der jährlich erneuerte Eid auf Augustus auch Gaius Caesar und dessen Bruder einschloß. Als Lucius Caesar 2 v. Chr. das entsprechende Alter erreicht hatte, wurden ihm die gleichen Rechte und Ehren wie seinem Bruder zuerkannt. Damit schien Augustus die Weitergabe der Macht innerhalb seiner Familie doppelt abgesichert zu haben, wenn das Schicksal ihm selbst noch einige Jahre ließ, um seine ‚Nachfolger' entsprechend vorzubereiten. Dazu gehörte Erfahrung auch im Umgang mit dem Heer und der Leitung der Provinzen. 1 v. Chr. wurde Gaius Caesar nach dem Osten entsandt, um mit den Provinzen vertraut zu werden, eine Neuregelung mit den Parthern zu treffen und einen König in Armenien einzusetzen. In Syrien trat er 1 n. Chr. den Konsulat an und nach der Einnahme von Artagira 3 n. Chr. wurde er zum *imperator* akklamiert.

Etwa zur gleichen Zeit sollte Lucius zum Heer in Spanien gehen, um mit Gaius an Erfahrung und Prestige Schritt zu halten. Doch als er Massilia in Südfrankreich erreicht hatte, starb er plötzlich 2 n. Chr. Augustus mußte einen seiner hoffnungsvollen Söhne vor sich in seinem Mausoleum bestatten. Und der nächste Schicksalsschlag folgte kurz darauf: Gaius hatte bei der Belagerung von Artagira eine Verwundung erhalten, von der er sich nicht mehr erholen sollte. Im Februar 4 n. Chr. verschied er auf der Rückreise im lykischen Limyra. Ein weiteres Mal hatte Augustus sein Mausoleum zu öffnen, um dort auch die Asche seines zweiten Sohnes beizusetzen. Er begrub damit auch die Hoffnungen auf einen blutsverwandten Nachfolger.

Nun kam endgültig Tiberius' Stunde. Schon kurz vor Lucius' Tod war ihm die Rückkehr nach Rom gestattet worden, die ihm Augustus lange, trotz der Intervention Livias, verweigert hatte. Ihm gegenüber bestand kaum mehr eine Verpflichtung von Augustus' Seite, nachdem der Princeps wegen eines Skandals, in dessen Mittelpunkt Iulia stand, selbst die Ehe seiner Tochter mit Tiberius gelöst hatte. Tiberius war nur noch sein Stiefsohn. Nach Gaius' Tod aber mußte Augustus handeln; er tat es – zielstrebig und dennoch mit Vorsicht. Für eine kurze Zeit war keine Regelung getroffen, falls der Princeps selbst plötzlich sterben sollte. Ohne Zweifel hat es lange Verhandlungen, wohl auch harte Auseinandersetzungen mit Tiberius und Livia gegeben, denn Augustus wollte auch jetzt eine längerfristige Regelung nach seinen ganz persönlichen Vorstellungen treffen. Obwohl Tiberius selbst einen etwa 18jährigen Sohn Drusus hatte, verlangte Augustus von ihm, er solle Germanicus, den Sohn von Tiberius' Bruder Drusus, adoptieren, der nur wenig älter als Tiberius' eigener Sohn war. Germanicus ging nämlich über seine Mutter Antonia, Augustus' Nichte, direkt auf die Familie des Princeps zurück. Schließlich fügte sich Tiberius und nahm Germanicus, am 26. oder 27. Juni 4 n. Chr., als Sohn an. Noch am gleichen oder am folgenden Tag adoptierte dann Augustus seinerseits Tiberius und machte ihn vom Stiefsohn zu seinem Sohn.

Tiberius erhielt nun alle Vollmachten, die für eine effektive Leitung des Gemeinwesens notwendig waren: die *tribunicia potestas* noch im Jahre 4, ebenso die Befehlsgewalt eines Prokonsuls. Jede Imperatorenakklamation für Augustus galt jetzt auch für ihn; 13 n. Chr. feierte er seinen zweiten Triumph. Gesandtschaften auswärtiger Könige hatten sich auch an ihn zu wenden, ein nicht zu übersehendes Zeichen. Schließlich wurde ihm durch Volksgesetz 13 n. Chr. ein *imperium* übertragen, das jenem des Augustus gleichgestellt war. Er konnte damit in Rom und Italien wie auch in allen Provinzen handeln, auch das Heer unterstand ihm. Und Tiberius wußte ohne Zweifel, daß ihn Augustus im Testament, das am 3. April 13 abgeschlossen worden war, zum Haupterben eingesetzt hatte. Für den Fall, daß der Princeps sterben würde, war die Rechts- und die Machtfrage geregelt. Da war es auch für Augustus an der Zeit, letzte Hand an seinen Tatenbericht zu legen, den er schon lange vorbereitet hatte. Noch zwischen Juni und August 14 hat er die letzten Änderungen an den *res gestae* vorgenommen. Er konnte, trotz aller Rückschläge, auf ein erfülltes und abgeschlossenes Leben zurückblicken.

15. Tod und Zukunft

Der Gedanke an den Tod hat Augustus immer begleitet. Seine Gesundheit war anfällig; er mußte stets mit einem schnellen vorzeitigen Ende rechnen. Gerade deshalb hat er so frühzeitig für die Zeit nach seinem Tod vorgesorgt und versucht, nie ein politisches Vakuum entstehen zu lassen.

Frühzeitig hatte der Princeps aber auch sein Grab vorbereitet. Vermutlich schon 32 v. Chr. ließ er, während die Auseinandersetzung mit Antonius noch nicht beendet war, auf dem Marsfeld außerhalb der geheiligten Stadtgrenze ein Grabmal für sich und seine Familie errichten, das Mausoleum Augusti. Vermutlich diente dieser Akt politisch zunächst vor allem dazu, der römischen Öffentlichkeit zu zeigen, wo für Octavian das Zentrum des Reiches und damit auch sein eigenes Zentrum war. Doch als das riesige Rundgrab, wohl im Jahr 28, in den Grundzügen fertiggestellt war, gab es keinen inneren Gegner mehr. Jetzt wurde es monumentaler Ausdruck für die politischen Vorstellungen des Princeps selbst und der herrschenden Familie.

Das Mausoleum war das größte, das bis dahin in Rom überhaupt errichtet worden war. Mit seinem Durchmesser von 89 m und einer rekonstruierten Höhe von etwa 45 m beherrschte es den gesamten nördlichen Teil des Marsfeldes. Heute vernichtet die umgebende Bebauung den ehemals monumentalen Eindruck. Die weiße Farbe des Travertins der Umfassungsmauern kontrastierte mit dem Immergrün der Büsche und Bäume, mit denen die Erdaufschüttungen des Tumulus bepflanzt waren. Links und rechts des Eingangs war die Ringmauer auf etwa 40 m aus leuchtend weißem Marmor gefügt, ebenso die Vorderseite des oberen Zylinders. Der erste, der hier bestattet wurde, war der Schwiegersohn Marcellus, andere Mitglieder der Familie folgten, darunter Agrippa und seine beiden Söhne Gaius und Lucius. Inschriften mit den Beschreibungen ihrer Taten schmückten die Ringmauer des Mausoleums, dessen äußeres Erscheinungsbild sich auf diese Weise langsam wandelte. Auf dem Vorplatz wurden, wohl 11 v. Chr., zwei Obelisken errichtet, die eigens aus Ägypten herangeschafft wurden. Unmittelbar neben dem Tor erhoben sich, erst nach dem Tod des Princeps aufgestellt, zwei viereckige Bronzepfeiler, die auf je zwei (oder drei) Seiten den Text der *res gestae* der Nachwelt präsentierten.

Der Charakter des Mausoleums als politisches Familien- und Herrschaftsmonument wurde durch seine architektonisch-topographische Einbettung verstärkt. Rings um das Grabmal ließ Augustus ausgedehnte Parkanlagen gestalten, um für das Publikum das Verweilen, das Betrachten der Inschriften, der Statuen, der Siegestrophäen am Mausoleum selbst und in dessen Umgebung attraktiv zu machen. Als der Senat bei der Rückkehr des Princeps aus Gallien 13 v. Chr. die Aufstellung des Friedensaltars, der *ara Pacis*, beschloß, wurde das gesamte Gelände südlich des Mausoleums umgestaltet. Eine riesige Sonnenuhr wurde geschaffen, deren Zeiger der erste aus Ägypten nach Rom transportierte Obelisk bildete. Dieser steht heute vor dem italienischen Parlament. In das Pflaster der wohl elliptischen Anlage wurden die Monatslinien sowie die Angabe der Tage und Stunden in Bronze eingelassen. Die Ausrichtung dieses Liniennetzes aber erfolgte so, daß die *ara Pacis* genau auf der Linie der Tag- und Nachtgleiche, der Äquinoktien, lag und der Schatten der Spitze des Obelisken am Abend dieses Tages, am 23. September, genau in den Eingang des Altars fiel und damit auf den verwies, dem man den Altar dediziert hatte. Der 23. September war der Geburtstag des Augustus. Schon mit seiner Geburt war kosmisch bestimmt, daß er der Welt den Frieden bringen werde – nach den Bürgerkriegen, nach der Überwindung des Antonius und seiner ägyptischen Königin. Der Obelisk, dem Sonnengott geweiht, symbolisierte damit auch den Sieg Octavians über Ägypten. Geburt, Sieghaftigkeit und Tod des Princeps waren auf diese Weise in einem einzigen riesigen Monument anschaulich gemacht. So sollte seine Gestalt die Sterblichkeit überwinden.

Spätestens im Jahr 13 fühlte Augustus, daß seine Kräfte nachließen. Er erbat deshalb vom Senat ein Gremium von 20 Senatoren, mit denen er Staatsangelegenheiten besprechen konnte und deren Beschlüsse dann wie Entscheidungen des Gesamtsenats gültig sein sollten. Sein Gesundheitszustand war auch der Grund, daß im selben Jahr Tiberius ein ebenso umfassendes *imperium* erhalten hatte wie Augustus selbst. Im Sommer 14 begleitete Augustus Tiberius, der zum illyrischen Heer aufbrach, bis Benevent und begab sich dann schließlich nach Nola, wo sein Vater Octavius gestorben war. Vielleicht wählte er bewußt diesen Ort, als er sein Ende nahen fühlte. Am 19. August 14 starb er dort, angeblich im selben Zimmer wie sein Vater. Livia war bei ihm, ebenso Tiberius, sein ‚Sohn' und Nachfolger in der Macht, den Livia zurückgerufen hatte. Der Princeps hatte dafür gesorgt, daß der politische Übergang sich ohne Erschütterung vollziehen würde. Seine Planung war erfolgreich gewesen. Tiberius übernahm den Prinzipat, niemand erhob dagegen Einspruch.

Von Nola wurde Augustus' Leichnam in einem langsamen Trauerzug nach Rom gebracht. Die Regelungen für sein Begräbnis hatte er selbst getroffen. Am Tag des Begräbnisses kamen alle öffentlichen und privaten Geschäfte zum Stillstand. Ganz Rom und Hunderttausende von Menschen aus Italien und den Provinzen beteiligten sich an den Trauerfeierlichkeiten. Aus seinem Haus auf dem Palatin trugen die für das kommende Jahr designierten Magistrate die sterblichen

Überreste des Verstorbenen auf einer Bahre aus Gold und Elfenbein zum Forum Romanum. Von den beiden Rednertribünen aus hielten Tiberius und sein Sohn Drusus die Leichenreden. Dann ging der Zug durch die Porta Triumphalis hinaus aufs Marsfeld. Der Verbrennungsplatz lag ganz in der Nähe des Mausoleums. Die Leiche wurde auf den Scheiterhaufen gesetzt. Darüber ruhte, für alle sichtbar, ein aus Wachs gefertigtes Abbild des Verstorbenen. Als das Feuer aufloderte, stieg ein Adler in den Himmel – ein Zeichen, daß der Verstorbene zu den Göttern erhoben worden war. Ein Senator bestätigte später unter Eid, er habe die Seele des Verstorbenen zu den Göttern auffahren sehen. Livia belohnte den Zeugen mit einer Million Sesterzen. Der Senat erklärte öffentlich, Augustus sei zu einem Mitglied der Versammlung der Götter geworden, ein *divus*. Die Errichtung eines Tempels für seine offizielle Verehrung wurde beschlossen, ebenso die Einführung einer neuen Priesterschaft, die den Kult des divinisierten Princeps vollziehen sollte. Augustus war so Teil des römischen Pantheon geworden, Teil der römischen Religion und des Kultes, auf dem die Sicherheit und die Zukunft der *res publica* beruhte. Fünf Tage nach der Verbrennung wurden die Überreste von Livia gesammelt und in einer Marmorurne in der schlichten zentralen Grabkammer des Mausoleums beigesetzt. Auf der Spitze des Tumulus, mehr als 40 m über dem Eingang, erhob sich eine weit überlebensgroße Bronzestatue des verstorbenen Wiederbegründers des römischen Gemeinwesens, wie ein Wächter über seinem Werk.

Dieses Werk hatte Bestand, auch wenn es sich veränderte. Alle seine Nachfolger beriefen sich auf ihn, propagierten ihn als Modell, selbst wenn sie tatsächlich ganz anders handelten. Alle trugen auch seinen Namen. Freilich ging gerade dadurch der Charakter als Name verloren; das Wort wurde zu einem Titel. Wie sehr sein Handeln die nachfolgenden Jahrhunderte bestimmt und die zukünftigen Entwicklungen angestoßen hat, ersieht man aus der Rede, die – so Cassius Dio – Maecenas 29 v. Chr. gehalten haben soll (S. 40 f.). Dessen Ratschläge für die Ausgestaltung von Prinzipat und Reich sind weithin eine

Augustus mit Bürgerkrone. Die Wiedergabe der Abbildung erfolgt mit freundlicher Genehmigung der Staatlichen Antikensammlung und Glyptothek München.

Zusammenfassung dessen, was sich auf augusteischer Grundlage in den nächsten zwei Jahrhunderten entwickelte. Aus der Rückschau sind fast alle Komponenten, die sich später ausprägten, bereits unter Augustus vorhanden, aber eben nur in Ansätzen. Vermutlich hätte die Entwicklung in manchen Bereichen auch anders verlaufen können. Die Zukunft wurde auf Augustus' Regierungszeit aufgebaut, aber natürlich hat er nicht alles so geplant, nicht alles vorausgesehen. Die gesamte Kaiserzeit ist zweifellos von ihm geprägt, aber sie erschöpft sich nicht in seinem Werk. Auch diese scheinbar so konservative Epoche ist von tiefgreifendem Wandel gekennzeichnet. Gleiches gilt auch für Augustus' eigene Herrschaftszeit. Wenn man von der Schlacht von Actium rechnet, so dauerte sie 45 Jahre: Niemand hat länger das römische Imperium regiert. Doch wegen der Art unserer Quellen, die zumeist aus der Rückschau verfaßt wurden, werden die Entwicklungen in dieser langen Epoche nicht immer deutlich. Augustus' Regierungszeit scheint oft wenige oder keine Veränderungen zu kennen, so wie sein Porträt, das, einmal geformt, stets dieselben jugendlichen Züge trug, über vier Jahrzehnte hin: Ein Altersporträt des Augustus hat es nie gegeben.

Sein Handeln war zu keiner Zeit unumstritten, auch wenn offene Kritik seit dem Ende der 20er Jahre kaum mehr gewagt wurde. Tacitus läßt in seinen Annalen anläßlich des Begräbnisses Gegner und Freunde des verstorbenen Princeps zu Wort kommen (S. 9); doch ist es bezeichnend, daß selbst in dieser scharfen Charakterisierung die differierenden Urteile fast ausschließlich die Zeit des Triumvirats bis zur Überwindung seines letzten Gegners treffen. Grausamkeit, Verschlagenheit, Machttrieb – so lauten die Vorwürfe, die erhoben werden. Die eigentliche politische Leistung aber, die feste Neugründung der *res publica* durch die von ihm gefundene Form der Monarchie, die politische Neuwertung der Provinzen und schließlich die Festigung des Friedens für den größten Teil des Reiches konnten selbst seine ernsthaftesten Kritiker nicht in Zweifel ziehen. Keiner seiner Nachfolger im römischen Kaisertum legte eine vergleichbare Leistungsbilanz vor. Und wie viele spätere Lenker eines Staates könnten ernsthaft mit ihm in Konkurrenz treten?

Zeittafel

63 v. Chr.	23. Sept.	Geburt des späteren Augustus als C. Octavius
59		Tod des Vaters C. Octavius
49–45		Bürgerkrieg zwischen Caesarianern und Pompeianern
45	Herbst	Aufenthalt in Apollonia
44	15. März	Ermordung Caesars; kurz darauf Testamentseröffnung
44	8. Mai	Octavian nimmt offiziell die Erbschaft Caesars an
43	2. Jan.	Aufnahme in den Senat; proprätorisches *imperium*
43	21. April	Schlacht bei Mutina; beide Konsuln fallen
43	19. Aug.	Erster Konsulat Octavians
43	27. Nov.	Gesetzliche Begründung des Triumvirats
42	23. Okt.	Schlacht bei Philippi gegen die Caesarmörder
40		Eroberung Perusias; Vertrag von Brundisium
39		Vertrag von Misenum
38	17. Jan.	Heirat mit Livia
37	Herbst	Erneuerung des Triumvirats nach der vertraglichen Vereinbarung von Tarent
36	3. Sept.	Sieg bei Naulochos über Sex. Pompeius
37–33		Kriege des Antonius gegen Parther und Armenier
35–33		Kriegerische Unternehmungen Octavians in Illyricum
32		Eidesleistung Italiens und der westlichen Provinzen
31	2. Sept.	Sieg bei Actium gegen Antonius und Cleopatra
30	1. Aug.	Einnahme Alexandrias
29	13.–15. Aug.	Dreifacher Triumph
28		Census und Neuzusammensetzung des Senats
27	13. und 16. Jan.	Rückgabe der Allgewalt an Senat und Volk Übertragung von Provinzen auf 10 Jahre Verleihung des Ehrennamens Augustus
27–25		Aufenthalt in Gallien und Spanien
23		Verschwörung in Rom gegen Augustus; Rücktritt vom Konsulat; Übertragung der *tribunicia potestas*; in seinen Provinzen handelte er als Prokonsul; sein *imperium* in seinen Wirkungen auf alle Provinzen ausgedehnt; Agrippa erhält das *imperium* eines Prokonsuls auf 5 Jahre
22–19		Aufenthalt im Osten
21		Heirat Agrippas mit Iulia, Augustus' Tochter

20		Rückgewinnung der römischen Feldzeichen von den Parthern
19		Sein *imperium* auch auf Rom u. Italien ausgedehnt
18		Übertragung der *tribunicia potestas* an Agrippa
17		Adoption von Gaius und Lucius Caesar
17	31. Mai–12. Juni	Säkularspiele
16		Niederlage des Lollius. Augustus reorganisiert Gallien
13	4. Juli	Rückkehr nach Rom; Beschluß zur Errichtung der Ara Pacis
12		Wahl zum *pontifex maximus*; Tod Agrippas
12–9		Angriffskriege des Drusus gegen die rechtsrheinischen Germanen; gleichzeitig Eroberung Pannoniens durch Tiberius
11		Heirat von Tiberius und Iulia
9	30. Jan.	Dedikation der Ara Pacis
9		Tod des Drusus in Germanien
8		Der Monat Sextilis in Augustus umbenannt
9–8		Tiberius in Germanien, das danach als erobert gilt
6		Übertragung der *tribunicia potestas* an Tiberius; Rückzug des Tiberius nach Rhodos
5		Annahme der *toga virilis* durch Gaius Caesar
2	5. Febr.	Verleihung des Ehrentitels *pater patriae* Vollendung des Forum Augusti
2 n. Chr.		Rückkehr des Tiberius aus Rhodos
2 n. Chr.	20. Aug.	Lucius Caesar in Massilia gestorben;
4	21. Febr.	Tod des Gaius Caesar in Limyra
4	26./27. Juni	Adoption des Tiberius durch Augustus, zuvor Adoption des Germanicus durch Tiberius Verleihung des *imperium* eines Prokonsuls und der *tribunicia potestas* an Tiberius
6–9		Pannonischer Aufstand
9		Vernichtung eines großen römischen Heeres in Germanien und Tod des Varus
10–12		Tiberius erneut in Germanien
13		Letzte Verlängerung des *imperium*, ebenso für Tiberius
13	3. April	Letztes Testament durch Augustus abgefaßt; Germanicus geht mit eigenem *imperium* nach Germanien; Akklamation als *imperator*
14	Mai	Zusammen mit Tiberius Abschluß des *census* Letzte Fixierung des Textes der *res gestae*
14	19. Aug.	Augustus in Nola gestorben
14	17. Sept.	Senatsbeschluß über Augustus' Vergöttlichung: Divus Augustus

Literaturverzeichnis

G. Alföldy, Augustus und die Inschriften: Tradition und Innovation. Die Geburt der imperialen Epigraphik, Gymnasium 98, 1991, 289–324

ders., Das neue Edikt des Augustus aus El Bierzo in Hispanien, ZPE 131, 2000, 177–205

W. Ameling, Augustus und Agrippa, Chiron 24, 1994, 1–28

J. Bleicken, Augustus. Eine Biographie, Berlin 1998

ders., Imperium consulare/proconsulare im Übergang von der Republik zum Prinzipat, in: Colloquium aus Anlaß des 80. Geburtstages von Alfred Heuß, Kallmünz 1993, 117–133

G. Bowersock, Augustus and the East: The Problem of the Succession, in: Millar-Segal 169–188

K. Bringmann, *Imperium proconsulare* und Mitregentschaft im frühen Prinzipat, Chiron 7, 1977, 219–238

ders., Augustus, Darmstadt 2007

E. Buchner, Solarium Augusti und Ara Pacis, Römische Mitteilungen 83, 1976, 319–365

ders., Ein Kanal für Obelisken: Neues vom Mausoleum des Augustus in Rom, Antike Welt 27, 1996, 161–168

K. Christ, Zur augusteischen Germanienpolitik, Chiron 7, 1977, 149–205

M. Clauss, Kleopatra, München ³2003

H. M. Cotton/A. Yakobson, Arcanum imperii, in: G. Clark – T. Rajak (Hg.), Philosophy and Power in the Graeco-Roman World. Essays in Honour of Miriam Griffin, Oxford 2002, 193–209

J. A. Crook, Political History, 30 B. C. to A. D. 14, in: Cambridge Ancient History, Band 10, Cambridge 1996, 70–112

ders., Augustus: Power, Authority, Achievement, ibid. 113–146

W. Eck, Augustus' administrative Reformen: Pragmatismus oder systematisches Handeln? in: ders., Die Verwaltung des römischen Reiches in der Hohen Kaiserzeit, 1. Bd., Basel 1995, 83–102

ders., Senatorial Self-Representation: Developments in the Augustan Period, in: Millar-Segal 129–168

ders., Augustus und die Großprovinz Germanien, Kölner Jahrbuch 37, 2004, 11–22

ders., Köln in römischer Zeit. Geschichte einer Stadt im Rahmen des Imperium Romanum, Köln 2004

ders., Shaping the Lives of Men, in: ders., The Age of Augustus, Oxford ²2007, 100 ff.

E. Gabba, The Historians and Augustus, in: Millar-Segal 61–88

V. Gardthausen, Augustus und seine Zeit I–III, Leipzig 1891–1904

K. M. Girardet, Der Rechtsstatus Octavians im Jahre 32 v. Chr., Rheinisches Museum 133, 1990, 322–350

Nordsee
BRITANNIEN
Atlantik
GERMANIEN
Kalkriese
Cherusci
Batavi
Haltern
Oberaden
Rhein
Sugambri
Elbe
Ubii
Taunus
Mogontiacum
Main
Mosel
Neckar
Marktbreit
Seine
Loire
GALLIA
COMATA
Marcomanni
Donau
Carnuntum
NORICUM
RAETIA
Lugdunum
GALLIA
TRANSPADANA
VENETIA
ET HISTRIA
PANNONIA
Drau
Save
Po
Astures
Cantabri
GALLIA
NARBONENSIS
LIGURIA
ILLYRICUM
HISPANIA TARRACONENSIS
Duero
Massilia
ETRURIA
Rubicon
Adria
Ebro
UMBRIA
LUSITANIA
Tarraco
CORSICA
ROMA
SAMNIUM
Emerita
Tajo
CAMPANIA
BAETICA
SARDINIA
Gades
Mittelmeer
SICILIA
AFRICA PROCONSULARIS
Gaetuler
Garamantes
0
500km
1 Mantua
2 Mutina
3 Bononia
4 Perusia
5 Velitrae
6 Circei
7 Beneventum
8 Nola
9 Misenum
10 Tarentum
11 Brundisium
12 Naulochus
13 Mylae

Theiß
Donau
MOESIA
THRAKIEN
MACEDONIA
Philippi
Apollonia
Corcyra
Nicopolis
Actium
ACHAIA
Athenae
Aegaeis
Schwarzes Meer
Byzantium
PONTUS
PAPHLAGONIEN
GALATIA
Ancyra
ASIA
Kyme
Samus
Miletus
PAMPHYLIA
LYKIEN
Limyra
RHODOS
Taurus
CILICIA
CYPRUS
CRETA
Mittelmeer
IUDAEA
Jordan
Alexandria
AEGYPTUS
Nil
SYRIA
IBERIEN
Kaukasus
Albani
?Artagira
ARMENIEN
Tigris
Carrhae
Parther
Euphrat

ders., Imperium ‚Maius'. Politische und verfassungsrechtliche Aspekte. Versuch einer Klärung, in: La révolution romaine après Ronald Syme, Entretiens sur l' Antiquité classique 46, Vandoeuvres-Genf 2000, 167–236
ders., Rom auf dem Weg von der Republik zum Prinzipat, Bonn 2007
J. Griffin, Augustus and the Poets: ‚Caesar qui cogere posset', in: Millar-Segal 189–218
E. S. Gruen, The Expansion of the Empire under Augustus, in: Cambridge Ancient History, Band 10, Cambridge 1996, 147–197
D. Kienast, Augustus. Princeps und Monarch, Darmstadt ²1999
U. Laffi, L'organizzazione dell'Italia sotto Augusto e la creazione delle „regiones", in: Tradizione Romanistica e Costituzione, hg. L. Labruna – M. P. Baccari – C. Cascione, Neapel 2006, 933 ff.
Chr. Meier, Augustus. Die Begründung der Monarchie als Wiederherstellung der Republik, in: Die Ohnmacht des allmächtigen Dictators Caesar. Drei biographische Skizzen, Frankfurt 1980
F. Millar/E. Segal (Hg.), Caesar Augustus. Seven Aspects, Oxford 1984
F. Millar, State and Subject: The Impact of Monarchy, in: Millar-Segal 37–60
C. Nicolet, Augustus, Government, and the Propertied Classes, in: Millar-Segal 89–128
Chr. Pelling, The Triumviral Period, in: Cambridge Ancient History, Band 10, Cambridge 1996, 1–69
K. Raaflaub/M. Toher (Hg.), Between Republic and Empire: Interpretations of Augustus and his Principate, Berkeley 1990
Res gestae divi Augusti. Hauts faits du divin Auguste. Texte établie et traduit par J. Scheid, Paris 2007
W. Rich/J. H. C. Williams, *Leges et iura p. r. restituit*: A new aureus of Octavian and his settlement of 28–27 BC, Numismatic Chronicle 159, 1999, 169–213
J.-M. Roddaz, Marcus Agrippa, Rom 1984
W. Schmitthenner (Hg.), Augustus, Darmstadt 1969
R. Syme, The Roman Revolution, Oxford 1939; dt. Die Römische Revolution, München 1992
ders., Augustan Aristocracy, Oxford 1986
Fr. Vittinghoff, Kaiser Augustus, Göttingen ³1991
K. W. Welwei, Römische Weltherrschaftsideologie und augusteische Germanienpolitik, Gymnasium 93, 1986, 118–137
Z. Yavetz, The *Res gestae* and Augustus' Public Image, in: Millar-Segal 1–36
P. Zanker, Augustus und die Macht der Bilder, München ⁴2003

Register